侦 主编

创意媒体 2020

群言出版社
QUNYAN PRESS
·北京·

图书在版编目（CIP）数据

创意媒体. 2020 / 扈强, 牛兴侦主编. -- 北京 : 群言出版社, 2021.2
ISBN 978-7-5193-0633-5

Ⅰ. ①创… Ⅱ. ①扈… ②牛… Ⅲ. ①电影事业－研究－中国 Ⅳ. ①D992

中国版本图书馆CIP数据核字(2021)第016419号

责任编辑：程丽仙
封面设计：李　翔

出版发行：群言出版社
地　　址：北京市东城区东厂胡同北巷1号（100006）
网　　址：www.qypublish.com（官网书城）
电子信箱：qunyancbs@126.com
联系电话：010-65267783　65263836
经　　销：全国新华书店

印　　刷：北京虎彩文化传播有限公司
版　　次：2021年2月第1版　2021年2月第1次印刷
开　　本：787mm×1092mm　1/16
印　　张：13.75
字　　数：187 千字
书　　号：ISBN 978-7-5193-0633-5
定　　价：88.00元

目录
CONTENTS

上篇　影像生产与创作分析

中篇　影视文化与社会传播

下篇　学校工作与教学研究

上篇

影像生产与创作分析

开放性时空观念在场面调度中的体现

张　悦*

电影史上三次美学运动（即二十世纪二十年代的先锋电影、五十年代的意大利新现实主义、始于六十年代并绵延至今的现代主义电影）表明，电影艺术的发展历史实际上是电影空间的发展历史、突破画框的历史。当摄影机不再完全是复制物质现实表象的机器，自电影有了属于其本体创作的“语汇”——分镜头，进而树立起电影的基因特性——蒙太奇思维的那一刻起，电影观念就围绕着一个宿命般的论题：电影时空与现实时空的关系。

一、开放——现代电影的时空观念

至蒙太奇派发展成熟，电影的观念与“语法”已经建立起恢宏的“半壁江山”，但以爱森斯坦为代表的狭义蒙太奇创作观念，势必将电影空间观念导向封闭性的思维模式，因为狭义蒙太奇强调 1+1=3 ，这会导致以此观念出发的创作者只关注单个镜头画框内直接呈现的内容，然后将每个镜头机械地类比为一个词语，若干个词语组成一个“蒙太奇句子”。

事实证明，狭义蒙太奇的末期探索只能将电影创作引向一个死胡同。那么，对电影空间的认识应当具有怎样的基本观念呢？

在电影里，我们通过银幕看到视觉形象，所以往往不假思索地认为，银幕就是电影空间的全部。其实，银幕仅是电影空间中看得见的那一部分，画框外还存在着一个看不见的空间。所以，法国电影艺术大师雷诺阿说，电影银幕是面向生活的一扇窗户。雷诺阿的“窗口说”不仅

* 张悦，硕士，北京电影学院现代创意媒体学院导演系教师，国家三级导演。

是一个艺术创作的比喻，更是一种电影时空观念的体现。电影所表现的是一个运动的空间，当摄影机运动的时候，它的画框里出现的情况是，原来的空间被排除在画框外，新的空间进入画框。如“左出画右入画”这样的调度和剪辑，就是一个封闭性的时空观念体现，左边进来，右边出去，再从左边进来，就好像是连续不断地在走，这样的空间处理在两个镜头之间就没有缝隙了。如果右出画后，下一个镜头里人物没有立即入画，或者没有入画的动作早就在画面内了，这就意味着，他不是从上一个镜头直接进来的，他可能还走过一段空间，只不过没有表现给观众看罢了。

我们再来看看“轴线”这个经典概念和创作规则的渊源。当两人面对面谈话的时候，或者说在交流的时候，他们的视线也相交，这条相交的视线就称作Line of interest，或称Line of force。格里菲斯发现，如果在这条线的一侧拍一个镜头，比如，A处于画面的左侧，B处于画面的右侧。然后再到这条线的另一侧去拍一个镜头，那么在银幕上，A就会处于画面的右侧，而B则到左面来了。这样观众就会产生疑问：他们什么时候调换了位置？我怎么没有看见？导演怎么搞的？观众若是说出这句话，那就意味着他“出戏”了。导演精心设计的“幻觉”全破了。所谓“幻觉”指导演利用视听语言所构成的一个故事的幻觉，这个故事给观众的印象就像生活一样。

该怎样保持这种银幕上的现实幻觉呢？关键是不能让观众感觉到作者的存在。因此，商业电影非常讲究“流畅”与“透明性”。在文学作品中，要让读者不感到作者的存在，在叙述中就不能使用作者第一人称，所以现实主义文学作品更多的是用第三人称或借故事中某个人物的第一人称。电影的镜头没有人称，没法照抄文学的现实主义方法。格里菲斯找到了流畅的“三镜头法”，保持了银幕上故事的透明性，不让观众意识到创作者的存在，除了“三镜头法”以外，他还解决了轴线问题。

但在生活习俗迥异的日本，人们的日常生活中没有根深蒂固的“轴线”体验，体现在日本电影中的空间处理，即便是动作性不强的对话段落，也基本看不到“轴线”的桎梏。

比如黑泽明导演的影片《生之欲》中的一个片段（见图1-图2）：一同

候诊的人在向男主人公绘声绘色地描述着胃癌的症状，男主人公听得心惊肉跳，因为那人描述的症状正符合自己身体的表现。整个段落由一个固定镜头完成，主要内容是两个人的对话，但导演通过一个巧妙的调度手段，将男主人公逐渐升级的不安、紧张、惶惑、恐惧的心理状态淋漓尽致地以完全电影化的手段表现了出来。

图 1

图 2

图 1-图 2 《生之欲》剧照

注意看镜头起幅（图 1）和落幅（图 2），两个人的空间位置关系及改变的过程和与此相应形成的景别变化。正是落幅男主人公的景别成为特写这一状态以及形成这种状态的整个调度过程，使这个段落的表现完全视听化，这是其他任何艺术表现形式所无法达到的。

所以，电影艺术形态发展到二十世纪五十年代，以法国电影新浪潮美学运动为肇始，电影艺术另外“半边天”也蓬勃发展起来，并迅速取得了同样恢宏的成果，将电影艺术的表现手段和电影美学观念推进到一个新纪元——场面调度时代。

以安东尼奥尼为例，现代主义电影大师都是开放空间观念的现实主义创作者（安东尼奥尼认为心理活动也是现实的一部分），所以他们认为银幕的空间与现实的空间是相连的，银幕只不过是面向生活的一扇窗户。观众是偶然走到窗前，看到窗外发生事情。窗外的生活是独

图 3

图 4

图 5

图 6

立自主的，它不是为观众而设的（即不为观众表演），而且不仅仅是观众所看见的那一部分。既然是生活中的窗户，那就不是绘画的构图概念。

在笔者导演的影片《双灵》中，有一场是男主人公在产房外焦急等待妻子分娩，就有意识地运用场面调度手段、画内空间和画外空间来体现人物心理时间的漫长，以突出其焦急的情绪（见图3-图9）。开始时，男主人公在左右来回踱步，然后向画外左侧的产房走去（图3），剪辑时人物并未完全出画，而是留有2帧在画内（图4）。下一个镜头的起幅，人物并未直接入画（图5），而是稍微过了一刻才入画（图6），这就打破了上一镜头里人物出画（图4）给观众形成的心理动势，对人物马上入画的预期一下被延长，从而拉长了观众的时间心理感受。

在探望未果之后，人物再次踱步出画（图7、图8），出画之后的这个镜头，同样也未承接上一镜头人物出画的动势（图9），而是僵硬地站定了，这就给观众一个感受——他不是从上一个镜头中走出来的，从上一个镜头到这个镜头，中间又经历了一段时间。

图7

图8

图9

图3-图9 《双灵》剧照

二、场面调度与开放性时空观念的关系

应当强调的是，场面调度思维与蒙太奇思维并不相悖，也并非势不两立，因为蒙太奇思维说到底就是分割和重组时空，场面调度可以说是蒙太奇思维的衍生或扩充。

与场面调度思维相伴出现的，是一个极不严谨的术语：长镜头。事实上，长镜头这一说法源自美国，是对“段落镜头”的一种不规范称谓，因为在一般的段落镜头手法创作的电影中，单个镜头的时间比以蒙太奇组接的创作手法要长一些，“长镜头”的说法由此而来。

段落镜头的实质在于用一个镜头交代一个相对独立的故事段落，所以一个镜头只要交代了一个相对独立的叙事单元，哪怕只有一秒钟甚至更短也可以称其为段落镜头。不论是段落镜头还是蒙太奇，目的都在于交代信息，段落镜头的核心在于电影时空的完整性和统一性。所以段落镜头要交代信息，就需要进行一系列的调度，即场面调度，包括镜头调度、演员调度以及镜头和演员的综合调度。

电影观念在经历了“画框说”“窗口说”之后，如今已发展成为一个独立的世界，即电影的世界。一部电影就是一个世界，这个世界有着自己的时空，其最大的魅力在于它的时空是相对的、迥异于现实的时空。相对的时空，与段落镜头的“时空统一”并不矛盾，这一点在希腊电影大师西奥·安哲罗普洛斯的作品中体现得淋漓尽致，他正是运用段落镜头，通过一系列精密的调度，创造了貌似完整统一实则被割裂重组的时空。西奥的精妙之处在于他往往用一个镜头穿梭于不同的时空，完全取消了心理时空与现实时空的界限，让我们在冥想与现实之间流连忘返。这种手法恰恰体现了一种现代的电影时空观念，即开放的时空观念。西奥的开拓性在于他的作品中不仅空间是开放的，时间也是开放的，叙事处于化合在一起的开放空间与时间中进行，这一点在其代表作之一《永恒和一日》中体现得最清晰（见图10-图14）。

影片开始不久，主人公老作家亚历山大去女儿家的这一段落就将上述特征完全表现出来。这一段落从亚历山大走出电梯开始。首先，电梯门开启，亚历山大从画外走出电梯间，走入画内，然后他打开女儿家的房门，走进女儿家中，接着画框右侧有光介入（图10），并且伴随着门开启的声音提示我们，画外有人要进入画内（顺带提一句，我们对声音方向的判断是根据光的方向得出的，如果我们不看画面就无从判断声音的方向，这才是电影具有视听化合作用的例证之一）。女儿自画外右侧的浴室走入画内，两人寒暄一句以后，女儿沿着摄影机光学轴心从画右走出画面（图11），少顷，女儿又沿着摄影机的光学轴心从画左走进画内（图12）。

图 10

图 11

图 12

这一看似简单、极易为一般观众忽视的调度，绝妙地体现了开放的空间观念。这是在一个360度的开放空间中进行的，完全打破了封闭空间观念的创作手法。演员从右侧出画，然后从左侧入画，那么从影片观看者的视角来看，女儿好似在观者所处的空间中走了一圈。一般的开放空间创作手法，只是提示观众画框之外还有空间，即调度是在摄影机镜头外侧180度空间范围内进行的，观众是无从参与的，但西奥的这一手法，将观众所处的空间与电影的叙事空间融合在了一起。接着，摄影机跟近人物进入客厅(图13)，亚历山大给女儿一封信，告之这是他已经死去的妻子在女儿满月那一天写给亚历山大的，女儿开始读信，伴随着女儿的声音，妻子读这一封信的画外音响起，从声音上为我们在一个镜头之内回到过去时空做好了准备。

图13

图14

图10-图14 《永恒和一日》剧照

然后摄影机推近亚历山大，推成特写，妻子的画外音持续着，变成了亚历山大在内心回忆的声音，成为由妻子替亚历山大朗诵的亚历山大的内心独白，亚历山大走向窗户，我们可以看到，在窗户的外侧，妻子已经站立在那里（图14），她的剪影映照在白色的窗帘上。

如果我们具备一个电影专业人员应有的基本影像观察力和记忆力，那我们可以知道在先前摄影机跟随两人进入客厅的过程中，镜头也曾面对窗帘，而那时窗外并没有人站立，由此可知这个跟镜头并非简单刻意地制造所谓的“长镜头”，而是为后面在一个镜头之内的时空转换做铺垫，也就是说，辨别“真假长镜头”（姑且这么称之）的依据在于看其镜头交代的信息量是否与这一镜头的长度相匹配。马塞尔·马尔丹在其著作《电影语言》中曾精辟地给出了一个依据：一个优秀的长镜头是可以分解为几个虚拟的蒙太奇镜头组接的。至此，叙事在一个镜头之中进入了过去时空。

同样，在笔者导演的《双灵》的“产房临产”段落中（见图15-图19），男主人公在等待妻子分娩的时候，突然发现旁边的通道正是之前他推

图 15

图 16

图 17

图 18

图 19

图 15-图 19 《双灵》剧照

送病故的婚外情人的遗体去停尸房时走过的通道（图 15），所以当时那一幕又出现在他眼前。为了体现彼时情人死去和此时妻子临产的“一生一死”的极端对比，在拍摄这个场面的时候，有意将两个时间间隔很长的场景并置在一起，以体现上述构思意图和人物的紧张恐惧心理（图 16-图 19），这一手段的核心原理即源于前述的开放时空体系，取消现实时空和心理时空界限的思维方式。

电影时空的相对性体现在电影中的时空是可以分割重组的，时间是可逆或者提前的，比如闪回和闪进。传统的封闭时空观念的电影，在闪回时，往往要给观众一个明确的提示，比如运用叠印手法，告诉观众这是主人公在回忆或者幻想，我们现在进入的是主人公的主观心理时空。

而现代电影时空观念是开放的，空间是一个无限的空间，是一个包括观众在内都是其创作范围的空间；时间是自由穿梭往返的时间，模糊现实时空和心理时空的界限，直接在一个镜头之内进行闪回，直接在一个镜头之内从现实时空进入主人公的心理时空，这一切都跟现代主义艺术创作手法息息相关。所以说，现代电影时空观念的体现之一在于其开放性——开放的时空，而场面调度手段的构思与运用，都应以如何体现这一开放性的观念为基准展开。

参考文献

1. 周传基：《有关电影空间的讨论》，周传基教授影视讲座网，2010年9月26日，http://www.zhouchuanji.net/wp/?p=770。

2. [法]马塞尔·马尔丹：《电影语言》，何振淦译，中国电影出版社，1992年，142页。

肖风摄影用光风格探讨

潘秀江*

肖风1960年3月出生于湖南湘潭，是北京电影学院摄影“1978级”的成员。经过摄影专业4年的理论学习，奠定了扎实的专业基础，也使他在“先锋电影”的创作之路上有了大胆的想法和探索。

毕业后，肖风与张军钊、张艺谋、何群一起被分配到广西电影制片厂，成立了全国最早的青年电影摄制组。经过一段时间的筹备，他们在广西电影制片厂拍摄的第一部电影《一个和八个》在1984年上映，这是一部主题、内容、形式均完全不同于以往中国电影的特立独行之作。

后来，肖风跟随张军钊拍摄了《加油！中国队》。除了和张军钊合作之外，肖风还与其他导演合作拍摄。作为摄影师，他共拍摄了《一个和八个》（与张艺谋联合摄影）、《加油！中国队》《孤独的谋杀者》（与秦竞红合拍）、《椰城故事》《弧光》《摇滚青年》《死拼（上下）》《本命年》《落山风》《找乐》《人约黄昏》等19部电影。与其说这些影片构成了肖风的特质，倒不如说他拍摄的每部影片都独有一种风格。他立志要去尝试和探索各种不同的风格和类型，以拓展电影摄影语言的丰富性，并力求自己每部影片的画面风格都有不同的追求。

一、肖风摄影用光风格的多元化研究

（一）画面构图中的光线特性分析

光是能量的一种传播方式，沿直线传播，当直射光遇到不同介质会产生折射、反射、散射。在电影拍摄用光时都会用到以上四种光线，每种

* 潘秀江：北京电影学院现代创意媒体学院实训中心。

光线的应用在画面中会显现不同的画面效果。当然，需要什么样的画面效果和光线效果需要根据剧情来定义。

1.电影《一个和八个》

二十世纪七八十年代，中国电影受限于胶片和照明灯具技术条件，为了保证曝光准确，人物光效和环境光效基本脱节，尤其是人物光效的假定性非常明显，这当然也和当时的摄影照明观念有很大关系。在电影《一个和八个》的创作初期，四位主创就确定要坚定追求生活的真实感，彻底摒弃假定性，从创作思想上与当时的电影创作思维完全不同。

片中，在八路军和押解的八个罪犯从砖窑井出来转移阵地的行军路上，八个罪犯看到卫生员喝水，镜头给到几个罪犯脸部特写时，强烈的太阳光正好直射到罪犯们的脸上，在脸上和头部可见明显光斑，使画面真实性更加突出(图1-图4)。

在那个尊崇自然主义的年代，这样用自然光的表现方式非常契合时代潮流，画面有强烈的表现力，更突出地呈现了罪犯们脸上的质感，刻画出那种人类本性中的侵略冲动。

图1

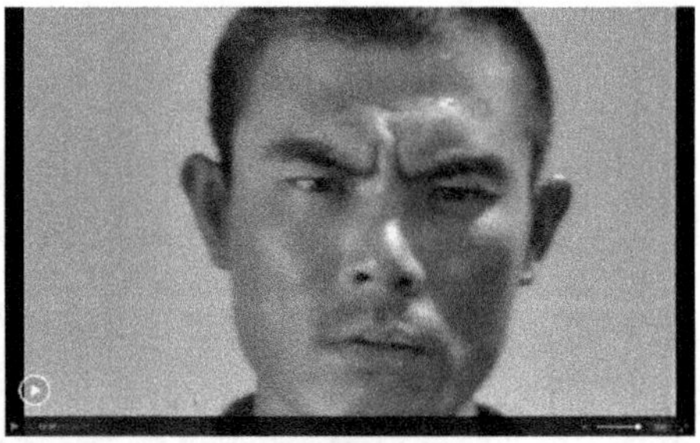

图2

图3

图4

图1-图4 《一个和八个》剧照

2.电影《加油！中国队》

电影中的太阳直射光是比较常用的外景光线，可以产生锐利的实影，突出被摄体的质感和画面的纵深感、立体感。人工光的亮度不及太阳光，但在一定的照射区域范围内可以达到阳光直射的效果。例如电影《加油！中国队》中运用光线变化呈现的别具一格的开场，球员们从无光区域大步跑进光线渐亮的亮区（图5-图8）。

图5

图6

图7

图8

这种将直射光作为主光运用的创作意图为电影全片做了良好的铺垫，强烈的直射光线对场面气氛的形成也起着推动作用，表达出球员们活力四射、激情澎湃的精神面貌以及充满斗志、为国效力的决心。给观众的视觉感受则是灿烂明快、风格鲜明，有效增加了画面的视觉冲击力，提升了影片的艺术表现力。

在一些特殊场景上，如球员在健身房拼命锻炼身体、在足球场上的夜间加练等，肖风特意运用了直射光来增加影片的写实成分（图9-图10）。这种用直射光刻画人物的做法，能让观众产生身临其境的感觉，感受到影片想传递的那种足球运动的特有激情。

图 9

图 10

图 5-图 10 《加油！中国队》剧照

《加油！中国队》对摄影用光的艺术创新，充分考虑了场景、剧情的发展以及环境的关系，镜头画面传递信息一般通过造型来构建，但也有赖于光线的传达，这实际上是一种包含关系。由此可见，肖风在摄影风格上用心之深。

3.电影《孤独的谋杀者》

在艺术效果的表达上，肖风可谓不遗余力。电影《孤独的谋杀者》中，韦天成潜入知府杀死知县和师爷那场戏里，当韦天成还没从墙上跳下来时，屋内地面上投射的光线是低色温的暖光，当韦天成跳到地面上时则变成高色温的冷光和低色温的暖光混合光线(图 11、图 12)。这种混合色温光线的摄影用光创意在之前的国产影片中几乎没有出现过。通过这样的光线设计，提示了剧情的发展走向——地上投射的光线一半变成高色温的冷光源，说明韦天成的到来预示着不祥的情况将要发生，给影片增加了一种诡异的气氛。

《孤独的谋杀者》是古装武打片，按说在光线设计上较倾向于戏剧光效，但实际上，整个创作没有太多强调戏剧效果，而是大部分在追求写实效果。

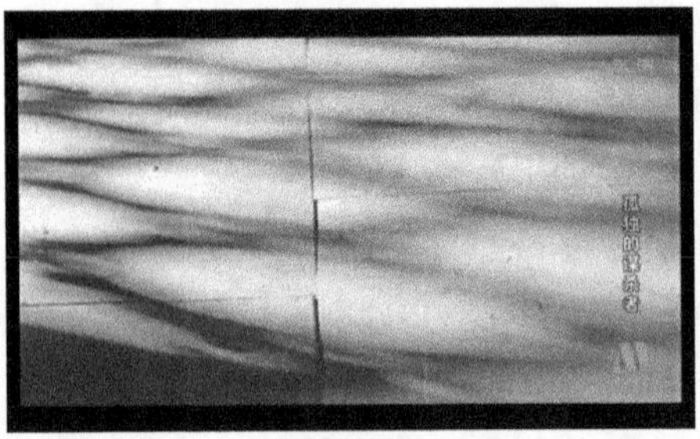

图 11

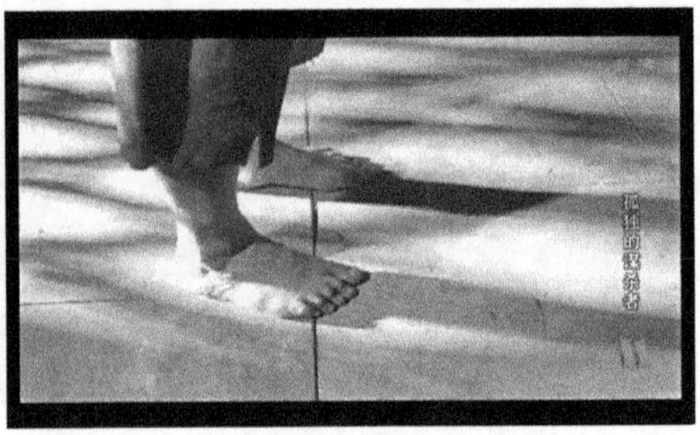

图 12

影片对写实光线的运用极具创意。以剧中秦大人猜到孤独汉会在钦差大臣为母祝寿那天动手的那场戏为例，时间是早晨，阳光透过竹席门帘射进屋内（图 13），运用自然光的折射，让光线均匀地洒进房间，画面前景的案几上摆放毛笔、笔筒、砚石，中景的秦大人来回踱步，隔着竹门帘可以看到远景的山峦、太阳和天空以及浮在空中的云彩。

画面如此丰富，特别是天空的层次竟能如此分明，肖风在光线运用和胶片宽容度把握上的掌控能力之强，由此可见一斑。

图 13

图 11-图 13 《孤独的谋杀者》剧照

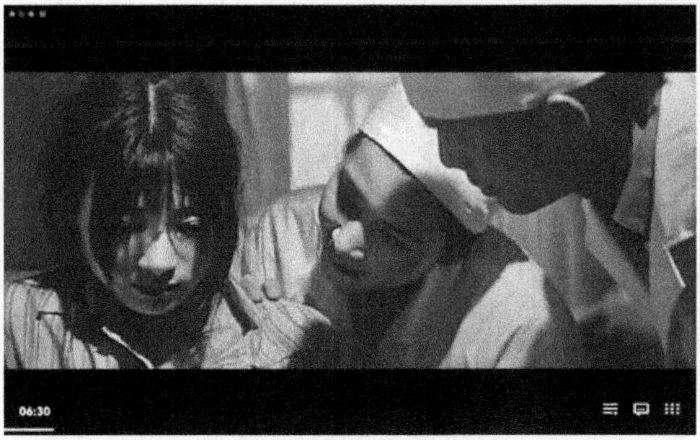

图 14 《弧光》剧照

4.电影《弧光》

电影《弧光》在利用现场固有光源的前提下，首先保证曝光准确，在此基础上再使用直射光和散射光对人物、场景、剧情的关系进行表达。在光线方向、画面平衡、光区分布、明暗对比等多种光线造型上，有着不同的处理和多样的变化，但又能融合成统一的画面风格。病人景唤出场时，在人物主光方面采用了直射顶光和柔和的散射光，同时，景唤肩膀处还有淡淡的蓝色光。此处运用色光所要表达的美学效应是——加入景唤心理情绪的流露，使她的表演状态与剧情气氛更加贴切（图 14）。

5.电影《摇滚青年》

电影《摇滚青年》是一部歌舞类型片，在摄影造型方面较多运用了舞台灯光作为摄影用光，也就是我们常说的戏剧光效。考虑到主角的个性张扬与歌舞片的契合度，使用舞台灯的直射光能直接表达出男主角龙翔的性格。

龙翔第一次因舞蹈团审查节目在舞台上表演带有霹雳舞风格的舞蹈时，身体扭曲，一反传统舞蹈的优雅和谐，且舞蹈服是银色易反光材质，更容易让观众感受到逆反传统的狂放不羁（图 15-图 16）。

图 15

图 16

图 15-图 16 《摇滚青年》剧照

6.电影《本命年》

反映情绪状态比较常用的主光一般以直射光为主，无论是太阳光还是人工光。在电影《本命年》中，李慧泉带着礼物到叉子家看望叉子父母，进屋后叉子妈开灯，李慧泉一直站在光区里，叉子妈、叉子弟都在光区外，这种距离产生的效果从表面上看是因人物光效表现出物理距离的疏离，其实深一步探析，叉子家人和李慧泉最大的障碍是内心产生了疏离，尤其是叉子爸妈不待见李慧泉。

这种顶灯直射光硬调风格真实还原了当时这个普通阶层的家庭环境，这种自然感无须过多粉饰就能打动人心，让观众对剧中人物的忧郁情感产生共鸣（图 17）。

图 17 《本命年》剧照

7.电影《落山风》

直射光硬光有高色温的冷调和低色温的暖调之分，高色温的冷调给人冷静、恬静、低沉的感受；低色温的暖调则给人活跃、兴奋、突出的感受。谈到色彩的感受，人们对冷暖更为敏感，因此在电影摄影画面中对冷暖光线的选择尤为重要。

图 18

图 19

图 18-图 19 《落山风》剧照

电影《落山风》在同一场景中使用不同色温光线呈现的效果截然不同(图 18-图 19)。文祥和素碧第一次去仓库这场戏，仓库内光线设计成高色温的冷光源，文祥第一次和素碧有身体接触并知道素碧不是真正的尼姑时，文祥追问素碧，她跑向草堆，在她上方正好有几条明显可见的高色温光柱照射下来，突出了素碧复杂的心情，她的不幸遭遇和心中的哀怨、委屈瞬间爆发，同时，文祥的脸上也满是焦躁不安，心理负担明显。此处的摄影用光为剧情的发展和第二次的仓库之约埋下了伏笔。

文祥和素碧的第二次仓库之约那场戏里，摄影用光以低色温暖光为主，当素碧打开门走进仓库，身后窗户流动的暖光照到她身上，产生一种唯美的质感，带有强烈的节奏和韵味。影片中对光束的应用也经常出现，光线和造型方式产生了一种要时光停住、让一切美好尽在此刻的表现力，正是在这样的空间环境中，素碧打开了心扉，接纳了文祥。

对摄影师来说，光线设计带有主观感受。在常规照明观念上，表现自然光线的形态是创作的基本要素，无论在视觉感受上还是美学观念上，都是摄影创作追求的目的。

这两场仓库戏的摄影用光含有直射光、散射光、漫反射光，这是用人工光打出的自然光效，光线真实、丰富且富有感情。光线的明暗对比也很好地展示出了空间感，可以说是优秀实景光线处理的典范。

图 20

图 21

图 20-图 21 《人约黄昏》剧照

8.电影《人约黄昏》

捕捉光的能量是一种技术手段，在技术手段下将光线转换成艺术表达和艺术创作，这是一个电影摄影师应有的基本素质。电影摄影师可以用光线、色彩、影调在技术范畴之内将光变化、转换、改变成一种形态，传递给观众，这是一种艺术创作能力。

在电影《人约黄昏》中，肖风对光线和色彩的把控达到了一种极致，以一个外景直射光低色温暖调场景（图 20-图 21）为例——医院护士周小姐找到徐先生家，为见她一见钟情的女扮男装有犀利眼神的“神秘青年”。场景安排在一个阳光温暖的下午，这个时间的光线本来就带有浓浓的浪漫气息。徐先生下楼，和周小姐并肩走在洒水的街道上，俩人走在画面左边的光区里，午后的暖阳光照形成浪漫的逆光，光线的角度正适宜，地上的水迹加强了光线的反射，增加了光感，使层次更加丰富，让整个画面显得非常平衡。

综上所述，肖风利用光线特性制造画面氛围、增加电影剧情气氛的手法，在电影风格的塑造中起到了画龙点睛的作用，展现了他独特的电影摄影风格魅力。这种能力不是一蹴而就，不仅需要扎实的电影摄影技术把控能力，还需要系统化的艺术理论知识积累和艺术创作能力，只有当两者实现较好结合、较高契合时，才能在不同内容题材的影片创作中游刃有余。

（二）光线与烟雾构建的摄影风格分析

肖风喜用烟幕，大概也因烟幕能衬出光的流动的缘故。在白色烟雾的聚散里，光释放着自己的能量，在烟雾的配合下，光能充满空间，能遮没夜空，使视野里一片朦胧。

1.电影《弧光》

图 22 《弧光》剧照

在电影中，烟雾的出现总要表达一些意境或营造特别氛围，还可以柔化镜头画面，增加空气中的质感。就如《弧光》里景唤说的一句话：“是的，就是这样的，和我梦里的一模一样的。”影片中，柳锴和景唤在浮动着夜色的湖面上说话，此时烟雾飘来（图 22），让柳锴的诉说平添几分哀愁。他爱上了景唤，可是又感觉景唤对他来说就像这烟雾，缥缈虚无，看得见却摸不着。对景唤的感情让柳锴感到无所适从，而对谢霓的感情却让他感觉是真实的存在。

2.电影《摇滚青年》

图 23

图 24

图 23-图 24 《摇滚青年》剧照

烟雾与舞台表演常常一起搭档，舞台光有硬亦有柔。电影《摇滚青年》中，圆圆给龙翔找了市歌舞剧团的工作，为了准备应聘，圆圆陪龙翔在舞蹈排练场练习。场景是日内，从地面上光线可以看出室内底子光是由窗户外的大功率低色温灯直射到室内模拟日光，同时提高室内整体亮度达到胶片曝光要求；人物光主要是以侧光和侧顺光为主，影片中侧光照明在明暗度、角度、柔硬度方面控制得恰到好处。两人在跳舞时释放的烟雾柔化了现场光线，使得场景唯美浪漫，表现了两人真挚的情感，镜头传递出了饱满的热情和丰富的诗意（图 23-图 24）。

3.电影《落山风》

清晨的阳光透过薄薄的晨雾，穿透枝叶照射在地面上，形成了一道道光束。影片《落山风》中，文祥和素碧清晨送师太下山去医院检查身体（图 25-图 26），山路上阳光透过枝叶和烟雾形成的光束为文祥和素碧的感情做了渲染，也为五点之约的高潮做了铺垫。这种场景光线形态也是借景抒情的表现，既增加了画面层次，也突出了文祥和素碧的内心活动，场景中的多个元素构建起画面内容，流动的烟雾与镜头的推拉变化让光束看起来更加飘逸。

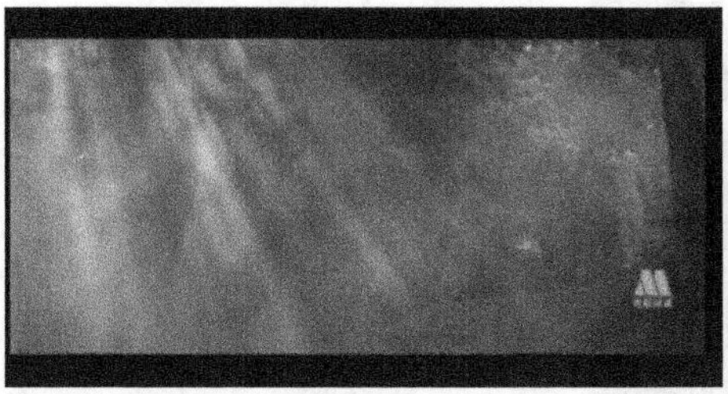

图 25

图 26

图 25-图 26 《落山风》剧照

由上可见，肖风对光线的感觉是依靠经验的积累，在摄影创作的画面光线设计中加入了中国传统艺术元素。

（三）光效在画面构图中的效果分析

光源分自然光源和人工光源。电影光效分自然光光效和人工光光效，自然光光效指影片中呈现的太阳光线受季节、气候、空气、时间、天气等因素影响而形成的某种天空中特有的自然光效果。自摄影术发明以来，在摄影中对日出日落时的自然光线就应用较多。影片中的自然光效指利用大功率的高色温或低色温灯具在室内或室外的某个场景中模拟出影片中场景较大区域（比如一排窗户）需要的自然光的光线效果。

人工光光效是指利用不同功率的高（低）色温灯、LED 全色彩灯实现在某个场景中根据剧情需要，对场景中光线性质、角度、强弱、色光成分及环境条件表现出明暗分布、对比、层次、形式等千差万别的变化。

相较于人工光光效，自然光光效可以呈现出霞光万道、红日西沉等让人叹为观止的感觉。因为没有人为因素参与，这些自然光光效呈现时间较短，摄影师只有把握好时机才能将其记录下来，人为复制或再现较为困难。

肖风自少年时期开始习画，他对自然光光效及其表现出的色彩有独到的见解。因此，从 1984 年的《一个和八个》到 1995 年的《人约黄昏》，11 年中他亲自掌机拍摄的影片都大量运用了自然光光效、人工光光效，并取得了开创性的成就。

1.电影《一个和八个》

在影片《一个和八个》中，牲口棚里这场夜内戏创造了富有艺术表现力的自然光光效表现手法，在摄影技术和摄影艺术上均表现卓越。场景

图 27

图 28

图 27-图 28 《一个和八个》剧照

光线的设计和布置既达到了胶片正常曝光的要求，也勾勒出空间环境，同时满足了人物光的主光和修饰光的需求，形成了一种如现实生活但又超出现实生活的自然光线效果。

这种光线设计极具意义，从中我们可以看到闪耀着的人性光辉，尤其是指导员王金面临突发情况的临危不惧，环境和人物面部的亮部层次显示出人物内心的善良、正直、勇敢，暗部层次则显示出罪犯们的奸诈、邪恶、阴险。

可以说，通过演员的化妆造型，加上小面积范围光线的漫反射光所表现出场景和人物反差（图 27-28），就能把戏内人物的表情、神态、心理活动表现得淋漓尽致。

图 29 《加油！中国队》剧照

2. 电影《加油！中国队》

从拍摄《一个和八个》开始，肖风就一直在探索运用光效参与故事讲述和艺术创新，他大胆用光、用色光。影片《加油！中国队》中，中国足球队第一次胜利后，球迷们在公园热烈庆祝，这个场景的现场光采用了深红色光，以突出人群的气氛和场面的氛围，整个场景和人物都被红色光淹没，狂欢的人们肆意地唱着跳着。红色一般寓意着喜庆、火热、奔放、激情、斗志，红色光能积极调动起观众情绪，并能在一定程度上增加影像本身的活力（图 29）。这可以用罗丹的一句话来概括："色彩的总体要表明一种意义，没有这种意义就一无美处。"

3.电影《弧光》

电影《弧光》的台词表达了一些哲理和思考，为此，肖风在影片中运用多种光效渲染人物的心路历程和性格，如顶光光效和色彩光。他用顶光光效去打破人物内敛性格造成的"壳"，让人物的内心情感世界得到尽可能多的表现；用色彩光打破画面内单调的物体及其自身固有色，并对人物着装和面部进行修饰。影片气氛凝重，属于低调高反差，画面结构中有意识强调黑、白、灰，以这三种调子主导了影片结构，因此影片以光影的调子为主，色彩光从属（见图 30-图 38）。

图 30

图 31

对女主角景唤的多个场景和镜头，肖风都采用色光进行了修饰，比如在景唤脚被烫伤那场戏里，她在医疗室处置伤口，主光用顶光给景唤面部，并用蓝色色光进行了修饰（图 30）。蓝色从色彩冷暖度上来说属于冷色，在这里表达的是景唤内心的冷静和对柳锴的排斥心理。

谢霓来到景唤家中了解情况，看到景家的情况也不乐观。景父起身倒水，景父身后远景窗户外蓝色色光漫射进屋内与中景的窗户高色温光线形成了对比(图31)。景家对谢霓这个不速之客的到来也是排斥的,当谢霓提出要景唤回家治疗,母亲和哥哥就更加排斥。所以,此处的蓝色色光可以增加观众对景家的直观认识和对现实生活的感受。

图32

在精神病院食堂场景画面(图32)中,运用了两种以上的色光,有淡黄色、粉红色。肖风用不同色光点缀着这群性格、思想、动作不同于常人的人,她们在这个临时封闭的世界里自由自在地活着,在我们看来可能不一样,但她们的感觉是丰富多彩的。因此,色光在这里寓意和谐,它发生在剧情、场景、视觉效果都适宜的时机。

图33

景唤在食堂吃饭的时候(图33),身后墙角处运用了淡紫色色光,剧情发展到这里,可以看出景唤在尝试着与医生交流,内心也在变化,她不再排斥与柳锴相处。色光的使用在随着剧情的推进而变化,带给观众的视觉心理感受也不一样。

接下来,景唤被接到谢霓家和她们一家人一起过中秋节(图34-36),谢霓家人脸部的副光运用了色光,而唯独景唤用的是蓝色色光,表明此时景唤的心理状态是冷静、沉默的。而谢家对她比较欢迎,所以在他们脸上运用了较暖的色光。这里运用了不同的色光来刻画人物内心,表达出景唤和谢家人不同的心理状态。

图 34

图 35

图 36

经过和谢家人一段时间的相处，景唤慢慢融入这个家庭，她的心理状态也发生了变化。谢家人在观看景唤的插画作品时（图37-38），景唤进屋来，此时她脸上的色光不再是蓝色，而是较暖的色光，并且面带灿烂的笑容。这种变化是直观的，无论从表面上还是心理上，色光的运用恰到好处，也与剧情相辅相成，可以让观众直接感受到色光变化所带来的情绪变化。

可以说，影片《弧光》中多处运用色彩的做法与肖风的美学修养和审美取向有着较大关系，片子的人文哲理气质也因为色彩的应用而更明显。

图 37

图 38

图 30-图 38 《弧光》剧照

4.电影《人约黄昏》

影片《人约黄昏》体现了油画色彩般的用光风格，在用光上分别从日、夜、内、外景做出了示范，在有些场景中，画面的光比已经达到了胶片宽容度的肩部和趾部的极限，体现出肖风娴熟的曝光技巧（见图 39-图 47）。能在如此大的反差下依旧保证画面该有的细节和层次，并运用多种光效渲染出影片特别的气氛，有赖于肖风积累多年的拍摄经验、艺术修养以及对现实生活和光线艺术表现力的独到理解。

图 39

顶光光效（图 39）：利用顶光对商店老板见到“女鬼”时的惊愕表情进行了刻画，反映出商店老板内心的惊恐不安。这是用光线体现人物情绪的具体表现。

图 40

冷暖光对比（图 40）：报社记者徐先生买完洋火转身离开商店，身后的暖光预示着他的生活接下来会有一段温情的插曲，而他身前的冷光则是当下生活状态的一种写照。

图 41

烛光光效（图 41）：徐先生和“女鬼”相识之后，他们在咖啡馆约会，带有浪漫气息的烛光光效映射出两个寂寞孤独无助的内心，此处画面的质感像可触摸的老照片。

剪影光效（图 42）：雨夜，徐先生跟着“女鬼”到她家，淡蓝色投影光效和剪影光效的组合为影片平添了几分神秘。这种光效让观众感受到徐先生在些许害怕之余被一股力量推着他向前走，忍不住去探究房间里面的秘密。

图 42

投影光效（图 43）：徐先生夜晚只身来到“女鬼”家，走进门内点了一支烟，想驱逐内心的恐惧，楼梯的阴影投射到墙面上，画面的三分之二被楼梯的投影光效占据，显示出光效在构图中的特殊价值，使画面产生了空间透视感。

图 43

油灯光效（图 44）：徐先生找商店的伙计到路边摊吃夜宵，顺便想打听一些消息。逼真的低弱光效，画面的反差，主光照亮的两人处在画面中央，这种单一光效最能强化视觉效果，达到一种简化，使得主视觉结构特征更清晰突出，这正是艺术意义上的简化。

图 44

图 45

自然光效（图 45）：这种淡淡的自然光效和简单色彩的搭配，给人一种自然、柔美之感，在影片中显出一种清新的气质。低调高反差的影调接入这种高调低反差的画面，让人感觉些许轻松，也是一种视觉效果的平衡。

图 46

“女鬼”走了，剩下徐先生独自一人站在风雨中（图 46）。他像这把雨伞一样在风雨中飘摇，内心悲凉。此时，蓝色色光笼罩地面，一切都是冷的，一种凄惨悲伤之情油然而生，雨伞的情感张力通过用光得到了恰如其分的表达。

图 47

过后的某天下午，徐先生又来到街角的烟具店，内心期待着奇迹出现，夕阳的暖光照在他的脸和身上（图 47）。脸上的层次清晰，自然光光效的正面光建构的层次结构依然明显，尤其是在这个中近景的构图中，处于“中性”的用光方式，更有利于衔接其他镜头。

图 39-图 47 《人约黄昏》剧照

由此可见，作为一个资深摄影师，肖风能用精雕细琢的电影光线，包括创作想象中的光线和自然存在的光线，给一部影片深深地打上一个属于他自己的艺术烙印。

（四）还原本真生活的光线影调

电影是再现生活艺术的手段之一，而电影照明是实现生活艺术再现的元素之一。光线造型作为电影照明的一部分，一直被国内外摄影师们从场景气氛、光线效果、色彩应用等方面进行着探索和创新。以影片《找乐》为例，该片是老北京市井生活的真实写照，具有意大利新现实主义电影的风格，影调风格前后统一（见图48-图53）。

图48

图49

夜内，老韩头退休的前一晚，与平常一样（图48）。室内光线影调是中间调，光线柔和平实，使用散射光照明，低反差，透露出一点淡淡的忧伤。毕竟，老韩头在这个小屋内生活多年，无论如何都有些感情，明天就要离开这里，肯定会有些不舍。这种平实柔和的光线给观众带来一种浓浓的生活气息感。

日内，正反打镜头（图49-图50）。老韩头对两个徒弟严格要求，室内光线统一，较为单一的照明状态光质柔和、反差较小，很好地交代了空间范围。人物光

探索。

摄影和用光风格既呈现历史也影响未来，对肖风摄影和用光风格的研究是为了推陈出新，为了更好地服务于电影拍摄。电影行业在发展，摄影和用光风格也会随着电影的发展而改变，只有不断地学习、总结和创新，电影摄影创作才能拥有源源不断的动力。

（二）肖风摄影和用光风格的意义和价值

从电影《一个和八个》开始，肖风和张艺谋等第五代电影人在摄影用光上的独特创新开创了中国新时期电影摄影创作的崭新之路。他们大胆尝试、勇于探索，将中国电影推向世界，树立了“讲好中国故事”的一代榜样，在中国电影摄影史上给摄影艺术和用光风格的成就画上了浓墨重彩的一笔。

从肖风拍摄的影片中可以看到他求新多变的用光风格，本文试图从摄影专业角度尽可能全面地窥探肖风在电影摄影创作之路上如何进行一步步的艺术追求、探索和创新，最终形成了自己独树一帜的影片用光风格。

中国第五代电影人可谓百花齐放、风格各异，肖风也有着自己鲜明的摄影风格，并体现在他摄影的众多影片里。由于他拍摄的影片题材广泛，每部影片都有独到的思维和探索，因此本文的分析免不了有主观或片面之处。每个人对艺术的表达都不相同，但有一点毋庸置疑，那就是情感。无论是电影、绘画、音乐、歌舞，都是情感的一种表达。肖风创作的影片反映了时代的变化，表达了他的情感，有些可以说是珍贵的文献。纵使时光流逝，多年之后，这些来源于生活的艺术再创作，展现的情感都是真实的。

只有对历史事实了解得越多，才越有可能找到深层的知识经验，进而总结出更多可用的知识；同样，只有对肖风了解得更多，才能更懂得他对电影的解读，才能明白他通过创作所传达的思想和情感，才能有更强烈的共鸣。

本文从画面构图中的光线特性、光线与烟雾构建的摄影风格、光效在画面构图中的效果以及还原本真生活的光线影调四方面进行了分析，不仅可以进一步理解肖风在电影摄影创作中的用光风格，还能深入了解他的电影创作理念和艺术审美特点，进而把他形成的独特技巧风格融入我们今后的电影创作中去，这也是解析其风格的重要目的。

只有不断地总结和学习，我们在电影创作中才能随着时代的发展不断焕发出新的生命力，也唯有如此，才能真正做到学以致用。

参考文献

1. 左舒拉：《中国影坛的老少爷们儿》，内蒙古人民出版社，1992年。
2. 巩如梅、戈铧：《用光作画——肖风摄影印象》，《电影艺术》1990年第4期。
3. 何清：《电影摄影照明技巧教程》，世界图书出版公司北京公司，2012年。
4. 郑国恩、巩如梅：《中国电影专业史研究：电影摄影卷（下）》，中国电影出版社，2006年。
5. 林韬：《电影摄影应用美学》，中国电影出版社，2009年。

关于摄影与当代摄影边界的思考

赵 晶*

在摄影问世两个世纪后，摄影已趋于成熟，成为当代艺术的表现形式之一。21世纪的艺术界不但全然接纳摄影，将摄影视为与绘画、雕塑地位相当的正统艺术形式，而且摄影家也沿袭了艺术家的发展轨迹，开始在各大画廊及艺术书籍中展示自己的作品。近几年，艺术界也在更多地使用新媒体，使之变得更加国际化，由此带来的摄影、电影、视频和装置艺术的爆炸性增长。

一、从“摄影”到“摄影艺术”

在思考摄影与摄影艺术如何界定时，不免会抛出一个疑问——摄影的功能是什么。不同的功能、动机，其最终触发的结果也必然不同。在摄影的功能中，到底是“记录”更重要，还是“对于美的形式的表达”更为重要？是运用技术手段达到某种数字效果更为重要，还是对于视觉规律造型语言的审美探索更为重要？对这些问题的不同理解，无形中都使得摄影与摄影艺术的边界难以区分。

摄影是无法被定义为一种单纯的技术或艺术的。无论是在高校中进行摄影学习与创作的学生，还是当今中国对于摄影有较多认知的学者及艺术家们，当听到自己的摄影行为被称为“拍照”或“照相”时，往往会心生不悦，仿佛感觉自己所钟爱的艺术行为被拉低了层次。而摄影作为艺术（Photography as an art）时，Photography又作为这一专业的专有名词出现。那么，同样使用相机进行拍照的普通民众，其拍摄结果是否在

* 赵晶：硕士，北京电影学院现代创意媒体学院摄影艺术与技术系讲师。

摄影的涵盖范围之内呢？

换个角度对比思考“绘画作为艺术”这个话题。当我们崇尚安格尔、毕加索、塞尚、高更、马蒂斯等绘画大师时，会说一个儿童的作画行为就不属于绘画吗？

在这一点上，绘画与摄影极其相似。这里的绘画、摄影，是分人群、分动机、分层级的。但值得注意的是，国际上的艺术院校将绘画艺术专业的名称定为Fine Art，而普通人群的绘画行为则被定义为Painting，虽然都是通过画笔和绘画行为得出的结果，但其本质是不同的。反观摄影，有这种定义上的分界吗？依此类推，普通民众的拍摄行为更对应Shoot这一动词。然而，它们都是经由数码相机得出的影像图片，为何不能被称为摄影艺术创作呢？这也许就是摄影的尴尬所在，在全民梦想成为艺术家的当今社会，摄影，成为诸多艺术形式中最容易接触并被掌握的一种。

摄影的结果是否能达到摄影艺术的标准，或者说，所拍摄的照片是否可以成为一张摄影作品？对于这种疑问，可以尝试界定照片的功能性所达到的层级来回答。假设所有照片组成一个金字塔，并被分成三层。最下面一层是数量最多的大众摄影，功能是帮助人们体会摄影作为一种艺术形式所带来的愉悦感，以及提升个人潜在的审美能力；中间一层的摄影作品具有一定的装饰性、技术性，是摄影师对美的表达，具备一定程度的审美趣味；第三层，就是塔尖的位置，这类作品不一定能与大众产生最多的共鸣，但这类照片上升到强调创作者本人的一种哲学思考，以及个人观念的表达，其功能性往往是最弱的。

实际上，艺术本身就是一种无功能性的使用。当把功能性的照片聚在一起移至美术馆，那么其功能性就被去掉了，这就是去功能性的艺术作品，以杜尚的小便池为代表。比如，美国著名时尚摄影师理查德·艾维顿（Richard Avedon）的时尚摄影作品，出现在纽约现代艺术博物馆（MOMA）的摄影展区时，其为品牌展示新季度设计风格和款式的功能性就消失，转而成为帮助观者梳理其一生艺术成就的参考。这体现了当代艺术对于功能性的征用或借鉴。

这种观点刚好与某知名画家在论述“艺术到底有什么用”时所谈到的内容不谋而合。他认为，所有脱离了实用性的东西才有可能是艺术

幅，非常明显且强烈地呈现出当代摄影的诸多特点，视觉表现主体为一座身体雕塑，整体带有一种有别于经典时尚摄影的荒诞感。这个只有下半身的行走的雕塑给观者造成一股强大的有关生命的吸引力，成为现实生活中不可能存在的某种幻象。拍摄主体视觉特征的独一无二给观者带来强烈的视觉震撼，这种身体的破碎和错位成为对完美时尚摄影的解构，最终重构出一个独特且生动的影像表达。

图 1 《面包人儿子与阿尔茨海默病妈妈，东京》（1996）

3.当代摄影的本质

当代摄影常用的一种创作方式是，把一个花很长时间鼓捣好的装置用相机不费吹灰之力地咔嚓拍下来。值得注意的是，这是艺术作为摄影，而不是摄影作为艺术。那么问题来了，表现媒介都是照相机，如何判定其是否算作摄影作品呢？答案是：将艺术作为摄影，其特征表现为观念先行，并且观念的表达要多于摄影本体语言的呈现；而摄影作为艺术，强调的则是一种不容易实现的摄影技术达到某种令人惊叹的画面效果，或是一种画面视觉内部结构所带来的美感和震撼力。

图 2 《美脚星人/ALIEN BIKYAKU》

无论是对技术的探索，还是对视觉美的理解与表达，都不应是没经受视觉训练的大众所能轻易实现的。然而，无论两者本质上是否存在着明显的差异和区别，从表现形式上来讲，其边界的模糊性的确存在，而且会随着时代的前进以及多元文化的发展，而变得愈发强烈。

因此，当代摄影并不在于它对摄影本身做了什么，摄影只是当代艺术的一个媒介和部分，当代摄影究其本质，是艺术作为摄影。

4.当代摄影的实验性

摄影中的实验性和艺术家们的运动是一种独立和生气勃勃的力量，有其自身的发展历程和美学思想。因此，摄影往影像实验上转变，在当代摄影是一个必然现象。

较早时期的摄影，并不能说完全没有艺术性，但更多的是作为技术的载体。许多学术书籍都强调了这种观点，比如阿恩汉姆(Arnheim)《电影作为艺术》一书，大卫·波德威尔(David Bordwell)和克里斯汀·汤普森(Kristin Thompson)所编的教材《电影艺术》(*Film Art*)，BFI(英国电影协会)在其宪章中也强调“电影应当是一门艺术”。所以，并不是实验电影才具有艺术性，也不是只有先锋派拍的电影才有艺术性。摄影作为视觉艺术的一种表现形式，在这一点上表现了与电影相同的特征，因此，当代摄影的讨论背景并不简单地属于艺术的范畴，而是更贴近甚至偏向于现代艺术和后现代艺术。这也是导致摄影与当代摄影边界愈发模糊的原因之一。

有趣的是，当代摄影之于摄影，就好比先锋派电影之于传统叙事电影，它们被冠以新的批判性的关系，并更多地考虑了带有诗意化、实验性的表达方式。大众普遍认为，先锋电影处在主流电影的边缘，甚至超过了电影的界限。同理，大众摄影的认知很难理解当代摄影可以被看作摄影作品。

当代摄影是一种独特的文化实践形式，同主流摄影作品相比，它显然保持着自身的独立性，其作品框架的多样性具有同摄影发展和现代主义起源同等的延展性。

图3《雪莉：现实的愿景》剧照 (2013)

鲍德里亚认为后现代主义的特征之一是“仿相”(Simulacra: An Illusionary /imitative image which can supplant reality)，认为一切皆幻象，经各种媒介加工而成的艺术作品看起来仿

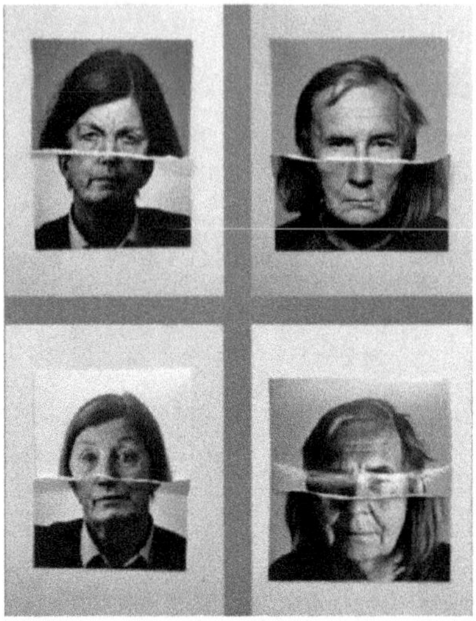

图 4 《融情》 安娜·福克斯

图 5 丹尼尔·戈登的摄影作品

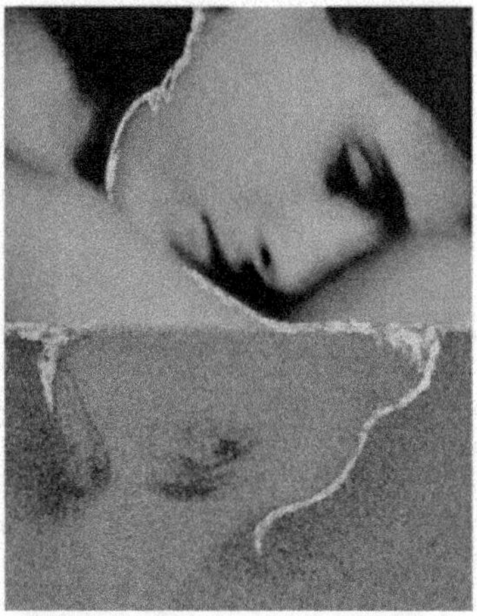

图 6 意大利艺术家摄影作品

佛比真实的物品显得更真实。贾樟柯在《世界》中，通过对世界公园的拍摄，仿制了世界，满足了中国人关于世界的想象、关于政治的想象，成为中国历史上第一部探讨幻象的电影；古斯塔夫·德驰导演的电影《雪莉：现实的愿景》（*Shirley: Visions of Reality*，2013）用美国画家爱德华·霍普的13幅绝世名画构成了美国社会历史的现实风景（图3）；2015年平遥国际影展中，安娜·福克斯创作的《融情》，打破了传统的影像呈现方式，将父母的肖像融合，试图从基因的角度寻找自己的幻象（图4）；丹尼尔·戈登运用3D拼贴画，制造了从平面绘画到带有光影立体感的影像间的转变（图5）；意大利艺术家在其摄影作品的输出相纸上添加金粉，使之具有了一种迷人且特别的影像呈现（图6）；澳大利亚摄影中心展出的作品，运用巨幅尺寸的展陈方式，使得肖像创作不再是写实工具，而是从视觉心理上带给观者无比强烈的震撼（图7）。

这些案例说明，无论先锋电影还是当代摄影，其创作思路（Theoretical framework)与当代艺术的呈现方式是相互借鉴且有规律可循的。具有较高视觉素养的观众很容易发现作品中掺杂现代艺术的影子，比如，熟悉爱德华·霍普绘画风格的人，就很容易感受到电影《雪莉：现实的愿景》在摄影上的视觉参考来源；比如图2、图4、图5的夸张尺寸的呈现方式，不禁让人联想起澳大利亚超现实主义雕塑家罗恩·穆克的作品(图8)，通过极度放大或缩小的尺寸，营造出一种怪诞、诡异的超现实主义效果。

图7　澳大利亚摄影中心展出作品

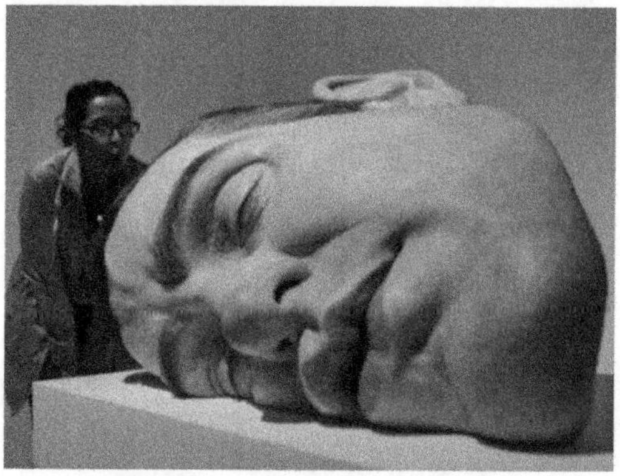

图8　罗恩·穆克雕塑作品

三、当代摄影的题材选择

在2016年由《中国摄影》杂志社与索尼(中国)有限公司主办的高校摄影教育与青年影像研讨会上，苏州大学客座教授王武谈到当今摄影专业的学生在创作时的普遍问题：自我表述类太多，学生的创作着眼点在自身，只关注自身的小情绪，导致作品的主题、风格过于类似。在2018年平遥国际摄影节高校摄影教育研讨会上，南京艺术学院摄影系主任贾方谈到应主动引导学生以一个职业摄影师的身份介入真实的社会项目之中。

视觉文化是关于“看”的学问，所有可见的东西里面都包含着现实生活世界、生产实践。其实，艺术从来都不纯粹，它一定是与社会、与资本有关的，并且不以我们的意志为转移。当代摄影专业学生缺乏的是将个人生活抽帧到历史高度的能力，当代摄影创作需要从关注个人生活的问题中发掘普通人在宏大历史浪潮中的共同感受，并运用符号学中的二元对立概念，使得影像作品一部分服务于内心情感，一部分服务于基本分析。

罗兰·巴特始终认为，照片，起源于或终结于某种私人记忆。那么，基于当代摄影对文字阐释的依赖，当代艺术家们必须要去寻找现代主义隐秘语言表达和大众媒体显性表达的结合点。

结 语

“不好看”几乎是当代艺术的一个重要特征，实际上，一目了然的好看的作品，才是能感动观众的优秀作品。摄影创作应该反映表象素材与客观世界所构成的某种关系，而进入素材和处理素材的方式，才是艺术史上各种“主义”的本质。

既然，现代艺术（Modern Art）对应了后现代艺术（Postmodern Art），那么，当代艺术（Contemporary Art）自然也会演变为后当代艺术（Post-contemporary Art）。笔者认为摄影已经发展到了后当代时期，后当代的摄影艺术，在经典的表达方式与艰深、晦涩的观念阐述之后，实现了一种回溯摄影本体语言与当代观念并行的表达方式。作为表现艺术，摄影将不再是对自然现实的简单复制，但也不应是对观念的纯粹玩弄。在各类书刊、网站中出现的浩如烟海的摄影作品中，真正“好”的作品仍然是凤毛麟角，因此，对摄影美学本质的探索以及视觉规律的探究从未丧失重要性，它们依然是判断一个摄影师是否具备足够审美力的重要工具。

参考文献

1. 夏洛特·柯顿：《这就是当代摄影》，大家出版：远足文化发行，2015年。
2. 罗兰·巴尔特：《明室：摄影札记》，中国人民大学出版社，2011年。
3. 林路、唐卫：《当代摄影的多元突破》，浙江摄影出版社，2014年。
4. 拉兹洛·莫霍利-纳吉：《绘画、摄影、电影》，重庆大学出版社，2019年。
5. A.L. 李斯：《实验电影史与录像史》，吉林出版集团，2011年。

实验影像展映形式发展研究

崔琳琳*

实验影像的展映形式由影院式展映发展到多种多样的展映形式，融合了当代艺术的各种艺术媒介形式和新媒体影像的表现技术，在空间和观感体验上有前所未有的实验和突破。

一、实验影像展映形式特点

实验电影的艺术表达特征包括：动态的美术和极端的叙事，非线性时间和观念性、空间性，互动性和跨界性。这些艺术家同美术领域的现代艺术、当代艺术思潮关系更为密切，想用电影表达他们前卫的艺术理念。

作者用影像表达观念，在创作过程中利用更多综合的形式如表演、行为、录像、装置、绘画、动画、戏剧、舞台等，在展映方式上则结合当代艺术和新媒体艺术的特点。因此，实验影像在展映形式上也具有强烈的观念性、综合性、跨界性、随机性、实验性等特点。

实验影像越来越多地同其他当代艺术和新媒体艺术跨界联姻，不再局限于传统创作方式，导演可以利用众多的表现手段和媒介创作作品。例如当代著名艺术家徐冰的《蜻蜓之眼》，利用现成影像素材再创作，由成千上万个公开监控视频剪辑成电影长片，没有特定的演员和摄影师，但其画面内容来自真实生活，观众从监控摄像头的视角去感受故事，真实感比传统故事片更震撼。再如影片《网络谜踪》，主人公在电脑屏幕端的种种互动和行动，使观众更能感同身受一个父亲追寻失踪女儿的心理状态。

* 崔琳琳：硕士，北京电影学院现代创意媒体学院导演系讲师，主要研究方向：实验电影。

实验影像作品的展映方式与影片内容的形式需要相辅相成，这也是其重要特点。导演需要通过合适的展映形式将自己的观念传达给观众，例如美国当代艺术家、著名实验电影导演马修·巴尼，他通常是将影片与影片中出现的装置或道具同时展出，其作品《堡垒》就包括实验影像长片和大型装置作品，曾在北京UCCA尤伦斯当代艺术中心展出、放映。

二、实验影像展映的空间要求

现今，实验影像的放映空间从艺术电影院和实验影像节，到各种美术馆、画廊和博物馆，再到有商业展示元素的各种实体空间，可谓无所不包。

实验影像导演希望观众拥有独立思考的空间和完全投入的观看体验，因而要求展映空间相对私密，相比电影院，更青睐于小型密闭空间或小剧场的黑匣子空间。因为这样的空间会让观众对作品更加专注，有利于观众思考作者传达的观念。

很多实验影像作品结合了新媒体艺术媒介，展映时需要观众调动视觉、听觉和触觉等感官，空间要有良好的技术设施，需要在空间内构建装置，让观众参与互动。例如沉浸式展映，通过特定的空间，给观众带来身临其境的感官冲击。

三、实验影像的展映形式

在如今的国际电影节或艺术展中，实验影像单元的获奖作品有很大的影响力，如在威尼斯双年展中，实验影像作品占据很大比例。在这些展览中，实验影像的展映已不再是传统的放映室放映或单一的二维屏幕展示，而是更多地结合了当代艺术和新媒体艺术的媒介形式。

（一）实验影像与当代艺术融合的展映形式

当代艺术的装置和综合材料等形式为实验影像提供了丰富的载体。实验影像从二维屏幕转到与各类实体装置结合，影像作为装置的一部分结构，结合装置本身的表意方式，向观众传情达意。在威尼斯双年展中，有很多富有创意的装置影像形式，例如冰岛女艺术家鲁丽《濒临灭绝的水资源档案》，将世界各类濒临灭绝的水资源的记录影像都放在一个档案柜一样的装置中，观众可以像抽出档案一样抽出“屏幕”，抽出的“屏幕”播放水资源现场录制的声画，让观众感受到这份水资源濒临灭绝，只能存在档案里，从而引起观众的共鸣。

实验影像结合装置揭示某种社会问题的案例还有中国当代艺术家杜震君的作品《人鲨》，三节屏幕和金属的鲨鱼组成装置，屏幕内鲨鱼的身体被换成人的局部裸体，当观众用手指触碰屏幕上的躯体时，人体会流出鲜血染红画面。

（二）实验影像与新媒体艺术融合的展映形式

新媒体艺术在国内外发展迅速，实验影像与新媒体艺术展映形式结合，融入了数字媒体、虚拟现实、信息交互等技术。

影像放映由单屏扩展到多屏，多屏影像可以并列展映，也可以根据立体空间在各个方向进行投影，很多作品将屏幕实体化或材质化，例如韩国艺术家李庸白的影像装置作品《破碎的镜子》，每一面屏幕和镜子结合的“画”都由古典画框装裱，“画”中反射出的观众跟随屏幕中的镜子而破碎。

新兴的沉浸式展映形式，让视觉影像和观众感知进行了结合，使人更专注于当前情境。沉浸式展映采用融合投影、互动投影等技术，调动观众的感官体验，营造氛围让参观者参与互动。日本艺术团队 TeamLab 的数字装置作品《空书》在空间里书写书法，让书法独特的墨迹、深浅度、速度和力度在沉浸式空间里重组展映，书法在平面和立体之间流淌。

另外，新媒体的媒体应用使影像作品的展映具有了商业性。韩国多媒体艺术工作室 D'strict 创作的《海浪》（*Wave*）是一个大型媒体墙，位于韩国时代广场，由宽 80 米、高 23 米的巨大 LED 显示屏组成，模拟海浪汹涌翻滚时的形态并伴随相应的音频，给路过的行人带来非常强烈的视觉冲击感。

互动的展映形式更多的是调动观众的感官反应和肢体表现，使观众参与到影像中，成为作品的一部分，使影像的随机性和艺术性结合。阿根廷籍艺术家莱安德罗·埃利希的互动影像《太虚之境》，观众可以走入作品中，被实时摄像机拍摄形成画面，与影像作品合为一体。

当下，实验影像的创作方式越来越自由，当代艺术的多元化发展、艺术媒介的多样性也为实验影像展映方式提供了更多可能，在信息交互技术和虚拟现实技术下，实验影像不仅是作者的单方输出，还包括观众的参与和互动，实验影像的展映会渗透到各个领域和行业，综合各行业的特色和创新技术，演变出更新颖的展映形式。

参考文献

1. 孙炜炜：《动态影像艺术的艺术表达及其特征解析》，《武汉科技大学学报》2013 年第 2 期。

电影风格与细节的关系

周东旭*

电影艺术几乎囊括了戏剧、音乐、绘画、雕塑等六大艺术门类的特征，成为一门独特的、受众最广泛的艺术形式。电影艺术和技术的发展都离不了艺术作品的创作经验和创作规律，电影作品表现出高度的主体风格化特征。

具体来说，电影艺术虽然是包括表演、导演、摄影、录音、美术等在内的一个复杂而庞大的制作团队创造的结果，但是作品的艺术风格与形式往往取决于电影导演的艺术品位与创作目的——最起码在中国电影艺术创作土壤下是这样的。如果电影创作者在创作自己的电影作品时呈现出一系列的风格化处理与形式主义美学的喜好，这就是关于作者论的创作倾向。

随着好莱坞戏剧化电影、意大利新现实主义电影运动、法国新浪潮电影运动的兴起，西方的电影美学也在不断发展。"作者电影"观念是法国新浪潮电影运动的主要美学特征之一，通常集制片、导演、编剧、音乐等职责于一身。区别于"优质电影"对以制片人为中心的好莱坞商业模式的效仿，"作者电影"以导演的风格意志为主。

于是，我们在分析电影作品的风格化处理时，就要着重分析电影导演在创作此类作品中的细节化处理方式。如何看待电影风格与细节的关系？这是一个整体与局部的关系。电影风格决定电影语言的细节化处理方式，而电影语言的呈现方式形成电影的形式主义美学风格。

以美国导演韦斯·安德森的电影为例。韦斯·安德森被称为"作者导演"，因为他在电影制作过程中不仅是导演的身份，他还自己创作剧本，

* 周东旭：北京电影学院现代创意媒体学院文学系教师。

设计服装造型、场景道具，对音乐插曲部分也亲力亲为，是电影作品真正的作者。但韦斯·安德森的电影并不是抽象的，也具备戏剧冲突性，这使其电影的作者风格倾向变得有些模糊，加之韦斯·安德森亦不是纯粹独立的导演，所以，与其说韦斯·安德森的电影是“作者电影”，韦斯·安德森本人是独立电影人，不如说韦斯·安德森的电影中透露出了作者意识与独立精神。

获得第68届柏林电影节最佳导演奖的《犬之岛》，是韦斯·安德森的第二部定格动画电影。这是一个关于未来的故事：日本巨琦市市长将所有犬类都放逐到专门设立的“垃圾岛”上，一个12岁的小男孩为了寻回爱犬，劫持了一架飞机，独自飞向垃圾岛。他是市长的养子，带着垃圾岛上的狗狗们，与市长派来的精英部队展开了激烈对抗，最终夺回属于自己的家园。

这部定格动画延续了韦斯·安德森一脉相承的风格，采用高纯度的色彩搭配与镜头平推的电影语言，人类与狗群完全对立的剧作立意，再次向我们展现了韦斯风格与细节处理之间的紧密关系，也再次强化了我们对一个电影导演风格化的界定与美学意味的探索。

首先，在最直观的影像风格与细节化处理的关系上，韦斯·安德森电影表现出明显的用色彩来表达主题的偏好。电影《特伦鲍姆一家》中，性格迥异的角色穿着不同色彩的服装，且颜色暗示着剧情的走向。《青春年少》里，马克斯·费舍尔的经典穿着是一件深蓝色外套，其他配角都穿着浅蓝色衬衫，初步展现了主角性格和主题的视觉化；在表现费舍尔对个人前途感到迷茫的时候，他置身于一个灰白色的低调度背景中，色块的反差表现出情绪的低落。《穿越大吉岭》里，弗朗西斯、彼得和杰克起初没有过于亮丽的色彩，与他们最开始的压抑情绪相符，随着情节的推进，每个人身上的色彩慢慢变化，对印度饰品细节化展示的处理方式，使观众明显感觉出三兄弟情绪、主题和命运的变化。在《犬之岛》中，使用了高纯度大色块，如巨琦市市长演讲台的红色背景、垃圾岛上大片的紫色河流、远方大面积的橙色天空等，使电影具有了超现实主义的魔幻色彩。

观众在熟知了这种画面风格之后，只要一看到大面积的高纯度色彩画面，就会知晓这是出于谁人之手。除了大色块的使用之外，这部影片在色彩使用上也有所创新，削弱了色彩的视觉冲击力，如灰秃秃的天空、低饱和度的灯光照明等，表现了垃圾岛的冷漠与冰凉，白、灰、棕等色调的使用，传达出主题的荒芜感。

其次，镜头使用技巧的细节化表现，电影中影像的最小单位是镜头，镜头的使用方式直接呈现出电影整体的影像风格与形式。在《犬之岛》中，导演延续了之前《了不起的狐狸爸爸》的定格动画镜头拍摄技巧，采用镜头平行移动拓展画面空间，将具有日式封闭局促感的画面格局突破为广阔的剧作空间，此外，作为安德森标志性的镜头语言，“俯瞰的主观镜头”常常出现在故事转折点，用主观俯瞰拍摄反派对主角做出的破坏行为。《犬之岛》中，主观俯瞰镜头将观众拉上邪恶阴谋的操作台，观看一场蓄谋已久的毒杀：活剥生鱼，切开还在蠕动的章鱼须，点上带有剧毒的芥末膏。第一人称视觉之后，又被拉进暗处，隔着窗户观看毒杀成功，目标死亡。此时的旁观视点也就是观看者，不再是这场阴谋的旁观者，而是参与者。

最后，剧作风格的细节化设置。韦斯·安德森的电影故事都比较大胆，尽管展现的主要是家庭关系，但是情感属性都在家庭关系之上。《犬之岛》突破了之前《了不起的狐狸爸爸》的剧作设置，将动物拟人化的情感设置改为人与动物之间的绝对对立。人们麻木不仁，而狗具有人的情感，这种超现实主义风格的剧作主题设置，极具韦氏风格。

所以，电影的风格化是靠每一部作品的影像风格、视听语言、剧作主题等诸多细节元素堆砌而形成，具有鲜明、独特、极端化等特性。电影的风格化一旦形成，将反过来制约着电影语言系统的每个细枝末节。

参考文献

1. 张静：《韦斯·安德森电影美学风格研究》，曲阜师范大学硕士学位论文，2016年。
2. 张旭博：《韦斯·安德森电影创作模式及作品风格分析》，上海师范大学硕士学位论文，2012年。
3. 万雯昕：《〈犬之岛〉：韦斯·安德森影像风格的集合》，《戏剧之家》，2019年第21期。

声乐套曲《伏尔加的记忆》的艺术集萃

车　晶*

伏尔加河被称为"母亲河",在俄罗斯的古老歌曲里常常这样唱:"伏尔加,伏尔加,母亲河……"

伏尔加的记忆,母亲河的记忆,它穿越欧亚的分界乌拉尔山脉,跨过乌苏里江与黑龙江,在中国上空旋绕半个多世纪,让我们追怀它的昨天、慨叹它的今天、思考它的未来。虽然苏联已经成为历史,但苏联歌曲还扎根在中国人的记忆与文化当中。在70多年后的今天,笔者想借着《伏尔加的记忆》这部作品,重温一段历史,激励新时代的年轻人牢记历史,缅怀先烈。

本文将三首苏联歌曲《山楂树》《孤独的手风琴》《喀秋莎》嫁接而成一套声乐组曲,取名《伏尔加的记忆》,以三首歌曲的内容为题材,通过情感穿针引线成为一组有人物、有主题、有故事情节的"声乐片段"。

一、历史文化的契合

中华人民共和国成立后,苏联成为第一个和中国建交的国家。1950年2月14日,中苏签订《中苏友好同盟互助条约》,之后中国开始全面向苏联学习,中苏关系达到了鼎盛时期。20世纪50年代是苏联对中国影响最深远的时期,具体到音乐方面,无论是曲式结构、风格特征,还是音乐教育、理论体系等,无不浸润在苏联老大哥的影响中。那些悦耳动听的旋律及蕴含其中的激昂精神,激励着当时正进行新中国建设的人们,深入人们的心底,它们作为精神食粮在相当大的程度上满足了当时人们对

* 车晶,北京电影学院现代创意媒体学院表演系讲师。

美好生活的追求。

文中所选三首作品均出自中苏友好的鼎盛时期，这些耳熟能详的苏联歌曲对于当时的中国人民来说，其意义不仅仅在于歌曲本身，它们还体现着政治风云的变迁、时代的更替以及文化的交流。可以说，这些歌曲承载着两国在那个特定历史时期所经历的共同记忆。

二、艺术创作的契合

（一）音乐叙事

《伏尔加的记忆》中的三首曲子均在影视作品中出现过。作为影视歌曲，它们有丰富多彩的音乐元素，这些音乐元素是影视艺术语言非常重要的载体，是对影视画面与影视镜头之外另一种艺术语言的诠释，具有单纯的声音语言无法展现的表现力以及叙事性。其中，《山楂树》是电影《山楂树之恋》的插曲，《孤独的手风琴》出自电影《大轰炸》，《喀秋莎》也曾在多部影视剧作品中出现过。这些歌曲和影视作品在叙事上基本形成了统一的步调，使声乐套曲的故事衔接有了实现的可能。

《伏尔加的记忆》故事梗概如下：20世纪40年代的某一天，一对恋人坐在山楂树下互诉衷肠，身边回荡着《山楂树》优美的旋律。恋人们靠着山楂树、唱着《山楂树》，他们是那样的甜蜜与幸福，他们火热的内心就像一株株开满白花的山楂树，纯净、朴实。但当时正值战争，两个相爱的年轻人为了祖国的安全，放下了个人的爱情，先后参军。《孤独的手风琴》在巴扬手风琴声中徐徐展开，音乐孤独、苍凉而又充满期盼。伴着隆隆的炮火声，战争又一次打响，炮火中的士兵们怀念心中的喀秋莎，他们以书信寄托对恋人的思念，但战争还没结束，怀揣着对正义的向往和对国家深沉的爱恋，战士们拿起手中的钢枪，为保卫自己的家园贡献着全部力量。

（二）人物塑造

音乐可以加强人物形象的塑造。《伏尔加的记忆》中出现的都是一些普普通通的小人物，但这些小人物有着大志向，他们和所处的历史紧密联系，歌曲中人物角色的情感和故事情节的展开都受到了苏联文化的影响。

因此，除了是一组歌曲之外，《伏尔加的记忆》还是一个故事，是一个年代。

（三）主题内容

三首歌曲有一个共同的主题：爱。《山楂树》以树表情，意境融洽地表达了浪漫、纯真的爱情；《孤独的手风琴》在巴扬手风琴柔婉、忧郁的伴奏声中寄托了对爱人的思念之情；《喀秋莎》以梨花的纯洁、高尚，赞誉远方战斗中的恋人的精神动力，伴奏中使用俄罗斯军鼓凸显其独有的民族风格。不同的爱情故事，相同的爱情题材，三首歌曲把爱情、战争、保家卫国恰到好处地融合在一起，使人物形象变得更加丰满立体。

（四）词曲创作

歌曲创作于不同的年代，都是先有词后作曲的艺术佳作。《山楂树》创作于1953年，由诗人拉德金和作曲家皮里别科共同完成；《孤独的手风琴》和《喀秋莎》的词作均出自米哈伊尔·瓦西里耶维奇·伊萨柯夫斯基。1946年初，伊萨柯夫斯基把他的诗歌《孤独的手风琴》发表在《十月》杂志上，翌年，被作曲家莫克罗乌索夫看到并为之谱曲，词曲珠联璧合。《喀秋莎》则诞生在1938年的“哈桑湖战役”期间，当时满山遍野绽放着梨花和野玫瑰花，飘落在一碧千里的青山峡谷之中，伊萨柯夫斯基创作了诗歌《喀秋莎》，后经苏联作曲家马特维·勃兰切尔为之谱曲，便迅速被苏联人民乃至世界各国人民传唱至今。

三、舞台实践的契合

“音乐是写下来的没有生命的音符，需要通过表演来给予生命。”在声乐套曲《伏尔加的记忆》中，三首歌曲以特定的历史为背景，综合了歌唱、语言、形体、表演等相关学科，并将各学科融会贯通，使歌曲所展现的内涵和文化底蕴扎根于舞台表演的实践当中，进而提高整体的艺术效果。

（一）声情并茂

歌曲的演唱不能只重视声音的技巧而忽略情感的融入。有声无情的演唱犹如行尸走肉，无法打动观众，更不能被称为艺术。只有当声音和感情相辅相成、相得益彰，才能给歌唱插上艺术的翅膀。

三首歌曲以情感穿针引线，将爱人分离时的悲伤之情、从军后的思念之情、报效祖国的壮志之情，通过声音、语言、肢体动作和舞台表演完美地融合在一起，呈现出灵动、有血有肉的音乐作品。

（二）字正腔圆

歌唱是一种艺术化的语言表达方式，所谓“以字行腔、腔随字走、字领腔行”。笔者认为，在训练中采用“以说助唱”的方法，可以加大对歌词内涵及语言语音方面的理解。

《山楂树》的歌词写得情景交融，极具韵律，演唱时应在咬字中体现出淡雅的风格，营造出一种优美的意境，因此，演唱时的咬字要清晰灵活，不要过紧，在相对松而不懈的状态下把字与字的过渡连接好、转换好，从而达到“累累如贯珠”的艺术效果。

《孤独的手风琴》演唱时很容易把音乐的线条“咬断”，所以要特别注意气息的走动和咬字吐词的连贯性。咬字要圆润，宜用软起音的方法。“乡、光、上、荡、向、旁”等后鼻音韵母的字词，在演唱时要注意归韵准确。

《喀秋莎》中的咬字吐词必须清晰有力，节奏不能拖沓。一字一音的词曲结合部分，不仅要注意声音位置的保持，更要注意咬字吐词的准确到位。

（三）形神兼备

“以形养神、形神兼备。”在舞蹈美学中，“形”是外部轮廓的塑造与呈现，“神”是内在的精神状态，二者互为因果、相互依存。音乐与舞蹈动作的完美结合，仿佛给旋律插上了翅膀，一个个流淌的音符在身体的律动下，腾飞跳跃、挥袖而出。

在舞蹈编排上，《伏尔加的记忆》借助意象结合的方式来表现三首歌曲的内涵。《山楂树》选用了古典舞，紧扣歌词内容进行编排，演绎出一段爱情故事，使舞蹈被赋予了灵魂，具有爱的感染力。《孤独的手风琴》中加入了俄罗斯舞蹈的脚法与手位，在舞蹈训练中努力寻找乐句动力的着陆点，与音乐融为一幅整体的画面，并加入了俄罗斯民族特色乐器手风琴，增加民族韵味。《喀秋莎》并无太多复杂的舞蹈动作，整体队形为倒三角形，动作干脆利落，尽显俄罗斯士兵的飒爽军姿。

（四）表情达意

歌唱和表演像是镜子的两个面，它们不能也不应该分开，是一个整体。歌唱借助表演来抒发歌者的内在感情，而表演是通过外在形态抒发内在感情，二者互为表里，相辅相成。声乐套曲《伏尔加的记忆》正是在歌唱中完成了表演，在固定片段情节上演员充分调动想象空间，有效提高了舞台表演能力。

本文将三首独立的歌曲，融人物、角色、故事情节于音乐的旋律、节奏当中，使其成为一个完整而连贯的“声乐片段”，并使故事情节的展开、歌曲旋律的走势结合“声、台、形、表”等姐妹学科，将表演力、渲染力、对角色的融入等多种舞台素养嫁接在一起，并潜移默化在声乐套曲《伏尔加的记忆》当中，演唱结合表演，使之成为一个规整的体系结构，凸显其画面感、美感、线条感。

电影高新技术格式对影像制作与视觉体验的影响

郭蕴辉*

电影是一种基于活动影像的视听艺术形式。纵观电影史，从最初作为一项技术发明出现，电影技术与影像创作一直是密不可分、互相融合与促进的关系，技术变革也一直是电影艺术创作与视觉体验提升的重要推动力量。近十几年，电影完成了从胶片到数字化的全面变革，电影数字化发展的速度超出人们的想象，技术革新的速度也比历史任何时候都迅猛。

当前的电影再一次面临着一些前所未有的技术创新，一些新的摄制设备、拍摄格式和更高技术指标的不断出现，对未来的整个影视行业产生很多影响。本文以近期比较热门的几种高新技术格式为例，从它们的含义、主要特点以及对视觉体验和影视制作产生的影响等方面进行探讨，希望帮助电影制作者和艺术创作人员对新技术有所认识，在今后的实际创作中可以有更好的判断和选择。

一、全（大）画幅数字摄影机可以创造更具电影感的画面

全画幅数字摄影机是当前影视器材领域的一个热门话题，各大数字摄影机厂商陆续推出了全画幅传感器的数字摄影机，比如ARRI ALEXA LF、RED MONSTRO VV、Sony VENICE等机型，镜头厂商也相继发布了兼容更大尺寸传感器的全画幅电影镜头。

“全画幅”是来自平面摄影的一个概念，主要指36mm×24mm的胶片底片或传感器尺寸。在电影拍摄领域，“全画幅”的具体尺寸并非固定

* 郭蕴辉，北京电影学院现代创意媒体学院摄影艺术与技术系讲师，硕士，主要研究方向：电影技术。

的36mm×24mm，而主要是相对于目前广泛使用的Super 35mm（超35毫米）传感器大小而言更大尺寸的传感器，所以也叫“大画幅传感器”。全画幅与大画幅的叫法可以说是通用的，比如ARRI ALEXA LF命名中的“LF”就是“Large Format（大画幅）”的缩写，其传感器尺寸是36.70mm×25.54mm。

数字摄影机的工作原理是通过成像传感器捕捉场景的光线，影像质量与成像传感器的性能直接相关，比如分辨率、动态范围、灵敏度、噪点及色彩等性能指标。大尺寸成像传感器在感光单元的设计上可以更加灵活，因为传感器尺寸变大可以使每个感光单元的面积更大，这通常意味着更好的像素质量，比如，分辨率可以更高，更高的动态范围和对比度，低照度下感光性能更好和更少的噪点等，这些性能指标的提升可以为影像创作者提供更多的选择和自由。

在视觉体验方面，全画幅传感器通常有更浅的景深，浅景深可以实现前后景明显的分离，这是一种在大银幕上创造空间深度和立体感的有效方式，使画面更具有所谓的“电影感”。全画幅传感器的画面放大率是Super 35mm传感器的1.5倍，为了获得与Super 35mm相同的视角，全画幅摄影机通常会选择使用更长焦距的镜头，这也使得画面的景深变浅。

另外一点是关于透视关系，虽然画面透视只与拍摄的物理距离有关，但是景深效果以及更长焦距获得的视角，会产生画面透视的明显变化。很多电影摄影师认为全画幅表现出的透视更加符合人眼的自然观看习惯，影像创作者可以利用全画幅摄影机的放大率和自然透视，尝试一些更具创造性的镜头调度和构图方式，营造出更具情感深度的故事氛围。

二、高分辨率和高帧率通过提高时空分辨率为视觉体验提供更多细节

电影是一种活动影像，活动影像的原理是通过空间和时间两个维度对现实进行捕捉和模拟，这种模拟是通过采样和不同的采样率实现的，在时间轴向的采样使用帧率来描述，在空间维度的采样就是分辨率。

分辨率代表着空间采样的细节，分辨率越高，场景细节被保留的越多，画面看上去就越细腻和平滑。对于数字摄影机来说，最为人熟知的

指标之一就是分辨率，从模拟视频进入数字影像时代，分辨率的指标不断攀升，从高清 1080p 到 2K、4K UHD（超高清），最近已经发展到8K甚至更高的分辨率。

分辨率可分为拍摄分辨率和显示分辨率。对显示设备来说，由于受限于人眼视网膜的生理限制，以及不同的观看距离和银幕大小等因素，显示分辨率是有极限的。一般认为，超过一定的观看距离，大多数人分辨不出 2K 和 4K 画面的差异，但这并不意味着高分辨率就是多余的，人类的视觉感知是一个复杂的综合系统，除眼睛外，大脑也会参与其中，大脑会很敏感地分辨出画面中一些细微的差异。

相比于显示分辨率，拍摄时获取高分辨率影像的价值更大，动态范围、灵敏度、位深、噪点、色彩、透视与景深等指标，也都与高分辨率潜在相关。高分辨率可以保留更多的场景细节，可以为后期制作提供更多调整的余地和再创作的空间，比如重新进行画面构图、画面稳定以及特效制作时抠像和合成等。另外，高分辨率素材可以用来归档保存，以应对未来更高质量的重新制作与发行，比如，最近美国漫威影业正在推出《钢铁侠》系列电影的 4K 高分辨率重制版，这就有赖于当初拍摄时的高技术规格。

相对于分辨率的不断提升，电影帧率一直是固定的 24fps（帧/秒）的标准。人眼对现实世界的观察是连续的，而活动影像的原理是将现实时空切割为不连续的静态画格，利用人类视觉感知的生理特点，使大脑获得一种连续运动的错觉。24fps 的帧率并不能完全复原现实所有的细节，而只是一系列停顿瞬间的组合，实际上观看时是不连续、有缺失的，但是一百多年来，人类已经习惯了观看这种速率的活动影像。

24fps 是一种受限于技术、成本及历史发展阶段的频率标准，其间也有一些电影技术先驱曾尝试过其他的频率，例如道格拉斯·特朗布尔（Douglas Trumbull）在二十世纪七十年代发明的“休斯坎系统（Showscan）”，采用了 60 画格/秒的频率，但这被认为是非常规的格式，最终只是作为一种实验性的尝试短暂存在过。

24fps 下每帧画面的曝光时间较长，这导致画面的运动模糊感变得明显，高帧率可以解决运动模糊的问题；另外一个问题是拍摄快速移动的物体时，较低的帧率可能会产生闪烁的问题，这会分散观众的注意力，降低场景的真实性。高帧率通过在时间轴向上提高采样的频率，每秒钟捕捉更多瞬间的空间细节，从而降低活动影像的运动模糊感和频闪问题，画面的流畅与平滑感会更好。

彼特·杰克逊、詹姆斯·卡梅隆、李安等导演一直在探索高帧率的拍摄和放映技术，李安导演认为高帧率是有必要的，尤其是在制作3D立体电影时。在拍摄电影《少年派的奇幻漂流》时，他发现24fps存在一些难以克服的问题，“24fps下运动镜头的立体效果太过模糊了，方向性也不明确，这会阻碍观众与故事内容的情感联系”，李安导演后来尝试拍摄了3D/4K/120fps的高技术格式电影《比利·林恩的中场战事》，2019年10月上映的电影《双子杀手》（*Gemini Man*）采用的也是120fps帧率，而且高帧率不再只是作为一种单纯的技术选择，故事内容也是围绕高帧率的特点进行构思和创作的。

高帧率增强了观看时视觉体验的真实性，但电影是否应该采用更高的帧率，目前仍存在争议，观众已经习惯了24fps，这种频率在某种程度上被认为代表了“电影”，而更高的帧率比如50fps或60fps则更像电视或游戏的观感，观众认为失去了电影特有的美感和戏剧感。由于临场感和现实感太强，有人认为高帧率更适合用在体育比赛、演唱会等现场直播场合。

针对高帧率的不同意见，有些电影制作者提出了一种被称为混合帧率或可变帧率的解决方案，即在一部影片中根据故事情节和不同场景的特点，采用不同的帧率来表现，混合帧率未来有可能成为一种新的叙事工具和语法进入影像创作中，实现不同的叙事效果和视觉体验，这可能是未来应对高帧率的一种更好的方式。

三、HDR可以实现接近自然观看时的亮度范围和对比度细节

HDR（高动态范围）是近几年影视行业备受关注的一项技术，被视为最有可能被广泛接受和采纳并对整个影视制作流程和影像创作方式产生深远影响的重要革新。在提升影像质量和视觉体验方面，如果高分辨率意味着影像在“更多的”像素方面的提升，HDR可以说是在“更好的”像素方面的努力。

简单来说，HDR描述的是在拍摄和显示活动影像时，试图捕捉和重现场景更高的亮度，保留更多的阴影细节，从而实现更高和更精准的对比度，以一种接近自然场景原有的亮度和颜色来还原和显示画面，在视觉体验上尽可能达到与自然观看时相媲美的逼真程度。

一般认为，超过10档的亮度范围和对比度超过1000:1就可以算是高动态影像。对于目前的数字摄影机来说，拍摄高动态影像已经不是什么难事，比如上面提到的ARRI ALEXA LF全画幅摄影机的动态范围为14+档，RED MONSTRO VV可达17+档，这都远超当前显示设备标准10档的动态范围。在拍摄获取的信息已经足够的情况下，如何在显示和放映设备上按原样呈现出来，如实还原原始的场景设计和创作意图，这是HDR技术最重要的价值和意义所在。

关于HDR的认识可能存在一些误解，需要先做简单的解释。

首先，活动影像的HDR技术不同于平面摄影的HDR，静态摄影可以通过不同曝光级别的多张画面，经组合得到单张HDR高动态图像，从而达到扩展亮度范围和对比度的目的，活动影像的HDR实际上更为复杂，不仅是局部对比度的提升和混合不同曝光画面就能实现，尤其是显示和重现HDR影像涉及更多的技术与设备创新。

其次，HDR虽然提高了高光的峰值电平，但这不只意味着画面可以变得更亮，HDR更重要的目的是记录和重现更大的明暗范围和对比度细节，HDR允许创建更高的对比度且无切割的高光，保留更深和更黑且无挤压的阴影，这种扩展明暗范围同时保留更多细节的能力，比单纯提升白光的最高亮度更重要。

再者，HDR不是单一的技术升级，而是一种内容制作方式和工作流程及软硬件设施的整体革新，从拍摄获取影像、画面监视器、视频传输接口、编码格式、后期制作到最终的放映设备等，都需要相应的改变以满足HDR的制作需求，可以说，HDR是一个从科学、技术、设备、制作流程等多方面对影像制作生态产生影响的系统工程。

从现阶段进展来看，HDR仍是一项复杂且难度颇高的技术，还没有形成一个行业内共同遵循的统一标准。在已有共识的基础上，多个不同组织和公司制定了各自的HDR技术规范，主要标准包括：HDR 10、杜比视界（Dolby Vision）、BBC和NHK开发的HLG标准等，这些技术规范都是从特定的角度和需求出发，采用了与目前基于CRT标准伽马曲线完全不同的解决方案和技术实现方式。

HDR的技术定义和标准的统一会对影视制作产生很多不同方面的影响。尽管不同标准有不同的定义，但HDR最小和最大的亮度都远超目前显示设备动态范围的幅度范围（0.01～100尼特），比如，有些HDR规范定义的最小亮度是0.0001尼特，最大可达10000尼特，这意味着HDR有足够的电平资源来区分不同的亮度细节，不再需要对高光和阴影进行压缩，同时具有保留更大的局部和整体对比度的能力，能表现出更深邃的暗部，带来更丰富的明暗细节。

HDR不仅关乎亮度和对比度，由于亮度本身也是颜色的属性之一，HDR可以支持更宽广的色域，结合ACES（学院色彩编码系统）可以使颜色在整个制作流程保持完整和一致性，HDR允许更加鲜艳甚至极端的颜色，在颜色感知方面也将更真实，甚至将一些超越现实的场景呈现给观众，而无须担心艺术团队的创作意图无法保留。

四、不同新技术格式和指标之间的互相影响和选择权衡

电影是多种学科和技术的组合，技术之间表现出一种既互相分化又高度综合的特点，不同的技术提升会对视觉体验产生不同的影响，每种技术不是孤立存在的，彼此之间互相关联、互相影响，对一种新技术进行选择的时候，需要综合权衡多种因素的共同作用。

上面提到的几项高技术格式和指标之间，就表现为互相影响和互相制约的关系：高分辨率可以提供清晰的画面和丰富的细节，而对细节的感知依赖于像素间的对比度；HDR可以实现更高的对比度，对比度变高使更多的细节能够被感知到，细节感知的增多也会放大存在的问题，比如由于亮度和对比度的提高，增加了人眼对闪烁感的觉察，运动模糊感也变得更明显；采用高帧率可以降低画面的闪烁感和减少运动模糊感，高帧率对更灵敏的感光器件提出需求，大尺寸的传感器可以实现更高感光灵敏度，同时也可以实现更高的分辨率、更高的动态范围，以及改善高光和更少的噪点；而如果考虑颜色的还原质量，按目前传感器的设计，需要更好和更密集的滤色片，滤色片会造成光线损失，这又与动态范围、灵

敏度和噪点等性能指标形成竞争。

由此可见，不同技术指标之间总是互相促进和依赖，同时互相制约和竞争的关系，在对一种新技术的前景进行判断和选择时，必须将所有相关的因素进行综合衡量，也需要考虑对创作过程和制作流程的整体影响。比如，在数字影像制作中，高技术格式使数据量大幅提升，这对影像的处理算法、编码、传输、存储等都有更高性能的要求，在创作方面还需要考虑照明、光学镜头、录音等方面的需求，这些都意味着不可预知的成本、不可控性和复杂度的增加。

这几种新技术与已有技术之间并非是简单的升级，也不是完全的替代关系，新技术表现出了全新的特性，又可以兼容已有的技术，这也是新技术能被接纳和得到使用的原因。如果创作者和观众对影像效果和视觉体验不满意，完全可以在已有技术的范围内保持目前的状态，新技术只是提供了一个可扩展的空间。

不同技术可以单独影响视觉效果，当多种技术融合在一起时，却可能产生一种超预期的协同叠加效应，产生的效果要大于每种技术简单相加的总和。当然，对于高技术格式的选择也是有灵活性的，并不一定同时采用全部所有高技术指标，比如可以选择高帧率和高动态范围的组合，而降低一些分辨率，视觉体验也可满足特定的需求。

结 语

本文宏观介绍了当前热门的几种高新技术格式的含义、特点，以及各自对未来影像制作和视觉体验可能产生的影响，从客观上讲，高技术指标和摄制格式肯定会有效地提升影像质量，也将从多方面改善甚至创造全新的视觉体验，技术革新的确为影像创作提供了新的空间和更多的自由。

在电影发展过程中，新技术总是层出不穷，但不是所有的技术都会被创作者和观众接纳，因此也要意识到，技术只是一个起点或者一个选项，一种新技术只有真正地用于故事讲述这一古老话题时，对于电影这门艺术来说才有价值。对电影艺术创作者来说，技术与创意同样重要，两者是互利共生的关系，保持对新技术的关注和思考，如同以往历次重要的电影技术变革一样——对一种新技术了解得越多，我们的选择也会越多，适应性也会越强，创造力也将得到极大的解放和提升。

参考文献

1.《高新技术引领新时代电影高质量发展：第九届北京国际电影节电影科技国际论坛成功举办》，《现代电影技术》2019年第5期。

2. 王亚明：《高新技术格式电影摄制技术及综合应用》，《艺术教育》2018年第10期。

3. 于路：《4K影视制作与技术发展综述》，《数码影像时代》2016年第10期。

4. 索尼中国：《索尼详解新一代36×24mm全画幅数字电影摄影机CineAltaV 为扩展电影拍摄创意提供更多可能》，《影视制作》2017年第10期。

5. 张焓、刘戈三：《不同帧率下电影动态镜头影像质量探究》，《现代电影技术》2019年第6期。

6. 方捷新：《高帧率心理物理学：实验法确定高帧率差别感觉阈值》，《现代电影技术》2018年第3期。

7. 曾志刚、仇飞、高盟：《逼近真实：从〈比利·林恩的中场战事〉看影像的高质量控制》，《北京电影学院学报》2017年第1期。

8. 徐正则、周蕊：《HDR多帧合成技术应用于影视画面的拍摄和制作》，《现代电影技术》2018年第6期。

9. SMPTE, Technical Committee 10E, September 2015, "Study Group Report:High-Dynamic-Range (HDR) Imaging Ecosystem".

10. Joseph Slomka, Vice President and Principal Color Scientist, FotoKem: Clarifying High Dynamic Range.

11. Chris Chinnock, Insight Media, January 26, 2016, "High Dynamic Range and Wide Color Gamut Ecosystem News from CES 2016".

12. Curtis Clark, ASC：《Understanding High Dynamic Range（HDR）：A Cinematographer Perspective》.

13. Dolby Vision:《An Introduction to Dolby Vision》.

14. Paul Turner：《The Truth and Hype on 4K, 8K, UHD and HDR：For Television Engineers and Media Professionals》.

传承青岛名人文化的青少年影视动画创作思考

于　玺*

从2015年的《西游记之大圣归来》到2019年的《哪吒之魔童降世》，近年来，多部影视动画作品在电影市场上表现突出。在此大背景下，青岛依靠区域优势，也拥有了几家有影响力的动画公司和几部参与制作的影院大片，令人欣喜。欣喜之余我们也在思考：青岛本土文化该如何和影视动画作品互动，让影视动画作品成为传播青岛名人文化的一种途径。

一、以青岛名人形象打造有记忆点的原创IP

青岛的地理环境优势和欧亚文化交汇的特点吸引了一批又一批名人墨客到此居住，现存的不少名人故居就是青岛特殊人文历史的见证，而他们在青岛留下的故事则是青岛文化的点滴积累，是构成青岛历史的重要元素。

这些名人逸事多数在青岛本地青少年心中留有记忆，而对动画创作而言，则都是素材来源，以这些历史文化名人的生活逸事为基础，用通俗易懂、接地气的大众化方式进行创作，通过基于真人真事的影视动画角色打造名人IP，既具有认知传播基础，也能产生一种超越学校、家庭和社会的教育影响力，有助于引导青少年追求更高、更深、更远的人生意义。

让名人在动画创作中"平民化"，是为了表现人物所处的一种或多种情境和环境，传递这些名人角色所表现出的世界观和价值观。在塑造这些形象的同时，也是加强青少年对当时历史的了解，引导青少年不要忘记青岛的历史，积极向上，不断前进。

* 于玺，北京电影学院现代创意媒体学院动漫艺术系讲师，主要研究方向：传统动画。

影视动画作为一种信息载体，从某种程度来说是青少年的“日常生活教科书”，能从中收获到意想不到的知识。影视动画有其自身特点，可以用独特的艺术表现形式和假定性来传达角色的精神文化内涵。我国很多青少年都是日本动画迷，是因为日本动画角色既个性鲜明又意蕴丰富，如以明治维新为背景的《浪客剑心》，其角色绯村剑心有真实存在的历史原型，我们观看这部动画作品不仅能了解那段历史，也对其中的武士道精神有了进一步认识。

青少年观赏动画作品不单停留在外在角色造型，还会结合自己的现实生活和环境，去了解、感受角色形象背后深邃幽远的思想内涵。从这个意义上说，创作名人动画IP形象时，应避免客观生硬的第三方介绍文字，而去挖掘角色的性格特色和文化内涵，让影视动画作品唤起共鸣，提升角色的魅力和认知度。

二、动画情节要符合当代审美

青岛的名人逸事给影视动画提供了丰富的创作资源，但资源并不能直接拿来就用，而必须通过提取、改编，结合当代的审美需求，从现代的角度去重新演绎。改编的形式多种多样，我们可以进行全景式改编，也可以取材式改编或解构式改编。

全景式改编完全遵循原著进行改编，能提升观众的认同感，但当下青少年的审美倾向是喜欢新颖有趣、讨厌循规蹈矩，因此，全景式改编并不受青少年青睐。取材式改编是截取原著片段将其控制在动画可承受的范围内，属于对原有素材进行重新创作，这种方式需要结合青少年喜好进行，是当下比较流行的一种创作方式。解构式改编则是打破传统观念，从一个新视角对故事情节进行颠覆性的改编，创作出符合现代人口味的全新故事，如《哪吒之魔童降世》就是一个典型。

青岛名人文化的再塑造，需要把选择题材内容、构建影片世界观与现当代大众审美相契合，提取故事和形象作为创作符号，用当下流行的视听语言服务于青少年的解读需求，激发青少年在文化认同上的共鸣。还要强化原创意识，依托地域文化资源，进行提炼和动画创作，使作品烙上民族传统和地域文化的印记，让青岛本土元素与影视动画实现最好的结合。

三、以系列化创作提高作品的被关注度

在当下的个性化、定制化时代，互联网技术为动画作品提供了更多的传播渠道和平台。青少年一般都是手机和网络的重度依赖者，要想吸引他们的关注，必须要充分利用互联网平台和新媒体社交平台，以网剧或系列短剧的形式推出名人文化主题作品。

具有娱乐性、能让目标人群感到愉快放松，是影视动画作品的功能之一。影视动画作品中频繁出现的搞笑镜头、无厘头剧情、夸张诙谐的造型、俏皮幽默的语言，都在为观众提供一个释放压力的出口，这也正好符合网剧和系列短剧的特性。

当一个主题以系列化的方式呈现，也给创作提供了二次修改的可能。相较于影视动画，系列短剧制作周期短、更新速度快，可以根据市场反应及时更改和调整内容情节，使其始终紧跟青少年的喜好。在剧集更新过程中，可以不断整合新鲜元素激活创意，积累受众对作品的熟悉度，这也是提高影视动画关注度的最好方式。

四、不同场景中沉浸式体验

数字技术的更新进步使影视动画除了内容创新之外，还可以在传播方式上实现创新。我们可以根据青岛名人文化的不同元素采用不同的传播方式，比如在科技馆、博物馆、纪念馆、少年宫等青少年公共服务区域里，增加模拟仿真沉浸式体验，凭借直观、动态、形象化的画面，将知识性和趣味性融为一体，既丰富了影视动画的表现性，也能帮助青少年更好地了解青岛名人文化。

影视动画作品表达出的不仅是动画角色和故事情节，文化内涵和人文精神始终贯穿其中。作为一种文化传承方式的影视动画，格外需要文化的滋养，地域特色文化给影视动画创作提供了无限可能。因此，在青岛名人文化主题的影视动画创作中，我们要以工匠之心，深入了解青少年的需求和心理特点，在题材和内容上精心打磨，创作出适应当下青少年审美品位的作品，让他们了解自己生活的城市，同时促进青岛本土影视动画的经典化和精品化发展。

的人才。我们也可以借鉴日本动画产业模式，将创作与收益分开，制作动画的人专注动画制作，投资方负责其他盈利环节的构建与资源整合。

就动画系的课程设置来看，存在一个普遍现象：课程门类很多，但每门课课时很短，导致学生刚入门不久课程就结束，没有时间去深入了解这门课程的精髓。其实，动画系课程设置最为复杂，所学涉及方方面面，包括绘画、雕塑、剧作、分镜、电影声音等，因为动画是一种综合性极强的艺术形式。

虽然有些学校已经意识到动画产业对衍生产品人才的需要，开设了相关课程，但由于课程比例和学生对课程的重视程度，教学效果并不突出。动画是专业性极强的行业，其中的每个人都有自己的工作职责，从学生的未来职业生涯来考虑，笔者认为，可以在学校教育中采取工作室模式，让每个工作室成为动画产业链的一个缩影，每一个人都可以是一个部门，如动画制作、后期宣传、衍生产品设计等，都要有相应的发展计划与思路。比如，有的学生文学功底好，可以写剧本；有的学生绘画能力突出，可以做原画部分；有的学生擅长软件操作，可以做后期制作；有的学生擅长设计，可以做衍生产品研发等。

在工作室教育模式下，将不同优点的学生按照他们的喜好进行最优分配，既可以充分调动他们的积极性，达到学以致用，也可以让他们根据个人优势进行更有针对性地学习，让专业的人更专业，毕业后更快进入工作状态、更好地与社会接轨。

当每届学生都经历这样的锻炼与磨合后，自然会对动画产业链有深刻认识，特别是会重视衍生产品在动画产业链中的地位，明白一部动画的真正盈利点在哪里，如何运作才能让收益最大化等，成就自己的职业生涯。

时代在进步，行业在发展，教育也要与时俱进，尤其是为社会发展培养中高端人才的大学，更要时刻关注时代和行业变化，改变教学方式、方法，以满足时代对人才的需求。

结　语

动画行业的振兴与发展归根结底依靠的是人才，人才培养的目标不是短期就能实现，我们应该从学校教育开始，为未来的动画工作者指明方向，让动画产业链健康运作观念和模式成为一种常识和必备知识。毕竟，中国动画产业的困境不在于缺资金、缺技术、缺原创者，而在于缺乏一个健康的产业化流程。

中篇

影视文化与社会传播

从电影生活到社会变迁
——现代社会问题纪录片在美国公共决策中所扮演的角色

卡蒂·博鲁姆·查特　威尔·詹金斯*

2012年，纪录片导演科比·迪克和艾美·泽林制作了纪录片《隐秘的战争》，并在影片中严正控诉了美国军队中所存在的性侵行为(詹金斯，2012)。除了面向普通观众，两位导演还将放映活动直接带进了美国国会和国防部(詹金斯，2012)。经过美国公共广播公司的宣传，本片相继赢得了皮博迪奖和艾美奖等殊荣(迪克，2013)。在2012年至2014年，这项战略推广活动共举行了1400余场社区放映以及国会特别活动。在此期间，相关政策运动也初见端倪。

吉利布兰德参议员在2003年曾主持过国会听证会(美国政府出版局，2013)，提出多项立法议程，并且在国会坚持推动相关的政策制定。对于她来说，《隐秘的战争》的冲击力是巨大的："在观看这些故事的同时，我的怒火愈发强烈。我对自己说：'我一定要做点什么。'"(拉斯洛，2014)

尽管早在数字时代之前，纪录片已深植于公共决策层面(亚布拉什和怀特曼，1999；克里斯滕森，2009；麦克恩提尔，2006；怀特曼，2004)，在网络时代使用纪实类故事宣传来寻求社会变革的方式依然十分有效(纳什和康纳，2016)并具有广泛影响力(布拉姆·查托，2018)。然而，人们对于具有感染力的纪录片如何影响和改变公共决策的理解还十分欠缺。

本研究分析了3部近十年来给美国公共决策带来决定性影响的现代社会问题纪录片：《沉默之罪》《游乐场：美国性交易中的儿童》和《永远忠诚》。研究从纪录片和政策的学术基础视角出发(怀特曼，2004)，

* 卡蒂·博鲁姆·查特(Caty Borum Chattoo)、威尔·詹金斯(Will Jenkins)：美国大学传播学院媒体社会影响中心。本文译者：郑恬，北京电影学院现代创意媒体学院导演系讲师。

试图呈现几个关键点，以揭示现代社会问题纪录片对美国社会公共层面的政策影响。

本文对纪录片导演、支持派领袖、决策者以及相关工作人员进行了采访，开展了多项案例研究，以揭示对国内暴力、环境健康和儿童性走私等方面的立法变化起到影响的各类文化和叙事元素。政策理论家萨巴提尔（1991）认为，这些参与者的合作共同构成了“政策子网络”，对美国决策工作具有重要作用。本文也认为纪录片所具有的创造性和客观性进一步促进了成功有效的政策工作。创造性叙事所带来的情感共鸣辅以事实性材料，能够给参与决策的各个角色带来重大影响。

本研究填补了现阶段美国现代纪录片与政策研究的学术空白，尤其是现有文献所缺失的决策者和政策专家的直接视角。除此之外，虽然前人研究已经对纪录片在决策中所扮演的角色有所关注（克里斯滕森，2009；怀特曼，2004），但纪录片所带来的决定性立法变革却没有体现出来。本文聚焦于现代纪录片作为社会影响力参与公共决策（布拉姆·查托和费尔德曼，2017；纳什和康纳，2016）的研究方向，同时也着重关注通过纪实性叙事所促成的公民参政现象。

一、文献综述

（一）纪录片叙事的社会性影响

纪录片是一种通过艺术形式反映现实生活的叙事形式和方法（奥夫德海德，2007）。长期以来，其定义都遵循纪录片导演、社会改革家约翰·格里尔逊在二十世纪三十年代所作出的解释：对现实的创造性对待（尼科尔斯，2010）。艺术与现实都对了解纪录片具有重要的影响。

纪录片日渐深远的影响在一定程度上来源于数字时代致力于传播分享纪实故事的媒体（肯尼，2017；尼科尔斯，2010）。也许是为了响应日渐流行和产生影响的二十一世纪纪录片，众多学者开始通过对观众进行研究来探寻纪实性叙事所带来的影响。在此期间，这类研究反映出纪录片定义的首要方面是创造性的视觉叙事以及对现实的直观反映。

对于纪录片来说，从理论入手探究叙事的影响具有深远意义。格林（2004）所进行的研究有助于建立以传递叙事和感知现实为功能的叙事理解。情感投入同样也是一种重要的机制，用来解释以叙事为核心的纪录片对观众所具有的影响力（布拉姆·查托和费尔德曼，2017）。有学者发现，纪录片之所以能影响观众，是因为其具有情感号召力，能够将叙事传递到引人注目的故事当中（布拉姆·查托和费尔德曼，2017），体现现实（拉马尔和兰德瑞维尔，2009），号召同理心（舒特和斯蒂利诺维克，2017），并重新构建观众对待社会问题的态度（布鲁诺等，2017）。

情感共鸣是反映社会问题的创造性纪录片的一大特点，这一特质也体现在客观性的新闻叙事之中。我们认为，在能够反映社会问题、促使官方回应的纪实故事中，能引起情感共鸣的能力并不是一种宣传手段，而是像前文提到的作品一样，为揭露不为人知的故事而存在。正如本文第一作者所说：

> 众多学者已经一再表示，新闻所创造的叙事，一般有可能导致观者的不适，并吸引他们意识到亟待解决的社会问题，同时又不表现出政党偏见（舍费尔，1999）。的确，曝光重点问题一直以来都是民主生活的核心功能，普通民众会根据已知信息来参与政治活动。有关媒体与民主的研究已经体现出了高信息量环境和民主参与的重要联系（布拉姆·查托等，2018）。

在这些影片中，亲密的人性叙事十分重要，但是合理展示令人信服的信息也一样不可或缺。本研究将聚焦于采用此类方法的纪录片叙事模式。

（二）纪录片与公众参与

纪录片“已经成了电影界进行社会参与的领头羊（尼科尔斯，2010）”。对于纪录片社会责任的关注最早起源于二十世纪初期，当时约翰·格里尔逊提出纪录片是一种号召社会变革的方式（奥夫德海德，2007）。这一看法一直深植于数字时代社会问题纪录片的核心观念之中（布拉姆·查托，2018）。此类纪录片也可被称为“战略影响纪录片”，其目的是通过结合纪录片制作与线上及线下交流来实现特定的社会变化（纳什和康纳，2016）。现代社会问题纪录片将贴近观众的纪实性叙事与公共社会协调相结合，来促进公众参与到社会公正问题讨论中（布拉姆·查托，2016；纳什和康纳，2016）。

将社区参与和纪录片相结合的方法影响深远（巴雷特和莱迪，

2008)。纪录片是一种公众参与的机器，因为它能够促进社区组织能力（亚布拉什和怀特曼，1999）并充分利用互联网时代所带来的便捷（阿瓜约，2013），同时让公众参与故事创作（卡内拉，2017；克里斯滕森，2009）。公众通过纪录片叙事参与社会问题讨论的影响力巨大，这是因为其中的情感号召力不仅来源于叙事本身，还来源于公众、媒体报道和专业机构对于社会问题的放大（布拉姆•查托，2016）。

（三）政策参与：叙事与纪录片

众多学者已经从理论视角探讨了叙事在公共政策中的重要角色。巴特尔（2015）表示将政策概念化需要运用人文理念和叙事来反映人情味和同理心。克莱蒙斯等人（2012）认为政策观念不仅能够被科学所引导，而且也能受到故事的影响。在政策制定环节，爱泼斯坦等人（2014）强调虽然特定的叙事形式对于决策者工作有所帮助，但事实证据仍处于决策机制的核心位置，包含既定知识的叙事内容，比如“有关影响、问题、可执行性、相关原因和意外后果等参与者在复杂现实生活中所了解的信息”，在决策过程中扮演着重要角色。涅德德佩等人（2016）认为个人叙事与数据信息相配合有助于争取决策者对健康等相关政策的支持。

虽然目前研究将纪录片视为此类叙事的一个潜在有效来源，但现有文献并没有认可纪录片叙事与政策制定之间有更为明显的关联。本研究将从这一角度出发。

政策制定本身需要多方合作。萨巴提尔（1991）注意到，要想全面了解政策制定的环节，必须聚焦于政策专家，而不是仅仅局限于各个政府机构；“政策群体或子网络”包括利益相关群体、研究员、立法工作者以及决策者本身（萨巴提尔，1991）。这一观点将非营利问题的支持者纳入政策制定的核心环节中，这些人可以就特定问题提供具体信息和深入见解并提高公众意识，同时又不进行正式的游说活动（私人企业等）。同样，为当选决策者效力的政策工作者也具有详尽的专业知识（福克斯和哈蒙德，1977；罗姆泽克和乌特，1996；萨巴提尔，1991）。

在公众参与正面社会变革的过程中，社会问题纪录片与政府政策的碰撞并没有获得学者的关注，而本研究将重点探究二者的交集。怀特曼（2004）的“联合模型”指出，与其将重点放在观众观看社会问题影片的体验上，研究者更应关注影片对于决策者和支持组织的影响。根据联合模型，纪录片的政策性影响来源于此片能否成功吸引决策者和支持者所构成的现有网络，其中后者包括对社会问题进行研究的专家和社区人群，并具有公众号召力（怀特曼，2004）。联合模型通过研究两大方面的影响来展现纪录片的政策性影响：第一，对于支持者组织的影响；第二，对于决策者和政治精英的影响（怀特曼，2004）。

本研究遵循此模型并有所扩展，解析纪录片"对现实的创造性对待"的定义中具有额外影响的两方面：艺术和事实（尼科尔斯，2010）。目前，对公共政策参与和纪录片叙事的研究并没有囊括社会问题纪录片的特点：艺术性、情感性和事实性。在政策情境下，纪录片可被视为"既定知识"的一种来源，可以展现人们对于政策的影响（爱泼斯坦等，2014）。本研究将以上内容纳入讨论范围。

二、研究问题

本研究基于分析纪录片政治影响的联合模型（怀特曼，2004），并解答以下问题：纪录片中产生影响的具体因素以及导致政策制定成功的相关活动。研究同时将纪录片的政策性参与度视为政策子网络下的合作因素，与支持者组织、政策工作者以及外来消息并列（萨巴提尔，1991）。

本文将解答以下几个问题：

第一，在三部社会问题纪录片中，来自纪录片制作、公众政策以及支持者群体的专家人士是如何共同合作来改变美国公共政策的？

第二，在以纪录片为基础的美国社会变革活动中，具有重要影响的因素都有什么？

三、研究方法

（一）案例研究和采访策略

在对过去十年内社会问题纪录片的放映活动和媒体报道进行分析之后，本研究选中了三部成功促成公共政策变革的影片进行探究：《沉默之罪》《游乐场：美国性交易中的儿童》和《永远忠诚》。本研究采用案例分析方法（罗伯特·殷，2009）。鉴于政策流程中的细微差别以及纪录片与政策关系的有限研究，本研究选择了定量分析案例研究法。其中每一个案例分别展示影片的制作时间、相关的基层公共政策活动以及最终的成功变革，总结分析将聚焦于案例共有的影响因素。

为了开展案例研究，我们对成功将纪录片应用到联邦或地方层面的政策制定的合作专家进行了深入采访。罗伯特·殷认为采访是获取案例研究信息的六种主要方式之一，并且在定向研究特定案例时尤其有效。为此，我们的采访既聚焦于相同的问题，同时又尽量探究深层次的不同方面，使获取的信息能够比现有研究更加丰富。此外，我们还通过公共和媒体渠道获取了额外细节信息；罗伯特·殷强调，"对于案例研究，使用资料最重要的一点就是利用其来印证和比对其他渠道所获取的信息"。

针对不同纪录片，我们分别与不同领域的合作专家进行了三次到四次深入电话采访：其一，拍摄纪录片并主导影片进行外延活动的导演；其二，来自非营利组织并与纪录片工作人员合作的社会问题支持者；其三，最终促成立法的决策者或关键立法工作人员。针对其中两部影片（《沉默之罪》和《永远忠诚》），我们还采访了主要出镜角色。在《游乐场：美国性交易中的儿童》案例研究中，因影片主要聚焦于一位性走私犯罪的幸存者，所以考虑到其个人感受并没有进行采访。

（二）受访者和采访问题

《沉默之罪》案例中接受采访的有：奥莉维亚·克劳斯（影片导演）、布兰达·克鲁宾（出镜角色）、女议员菲奥娜·马（加利福尼亚州立法工作者）和海蒂·鲁梅尔（法律专家及支持者）。《永远忠诚》案例受访者包括：瑞秋·利伯特（影片导演）、杰瑞·恩斯明格（出镜角色）、海瑟·怀特（前任环境工作组织执行主席）、博尔手下工作人员（北卡罗来纳州参议员理查德·博尔当时手下的立法工作人员化名）以及丁格尔手下工作人员（密歇根州众议员约翰·丁格尔当时手下的立法工作人员化名）。《游乐场：美国性交易中的儿童》案例受访者有：莉比·斯皮尔斯（影片导演）、卡罗尔·斯莫伦斯基（ECPAT[①]-USA执行主席）以及怀登手下工作人员（俄勒冈州参议

① ECPAT全称为The International Campaign to End Child Prostitution in Asian Tourism，中译为国际终止童妓组织，因前身为终止亚洲旅游业中的童妓，故名称有出入。

员当时手下的立法工作人员化名)。

研究主要依照以下文献开展:怀特曼(2004)的联合模型分析社会问题纪录片的政策性影响、观众与纪录片情感共鸣的具体表现(布拉姆·查托和费尔德曼,2017)、政策子网络合作的基础(萨巴提尔,1991)以及叙事作为既定知识对政策制定过程的影响(爱泼斯坦等,2014)。采访问题主要围绕以下三个领域:第一,纪录片与政策制定的时间关系以及二者如何在合作专家的引导下实现共生关系;第二,能够对基层公众和决策者起到教育和引导作用的影响因素;第三,将叙事为主的纪录片作为达成政策目标的机制考量。

(三)数据收集与分析

我们总共完成了12次深入采访,采访方法遵循盖斯特等人(2006)的方法论研究并得出结论。虽然12次采访中只有6次的主题较为丰富,但收集到的数据对于主题研究和非概率样本来说已达到饱和。所有采访都在2015年11月至2017年6月进行,均以电话采访的形式遵循统一采访标准展开,每次采访时间大约为1小时,并在获得受访者同意后进行录音采集,且此研究步骤已经过大学评审委员会审核批准。在收集数据之后,采访转录材料被加以反复分析。我们通过分析研究问题来划分影片影响的主题和种类,并且利用转录材料制作了相近的线性案例研究。根据罗伯特·殷(2009)的分析,我们将媒体报道也纳入了分析范围,和采访数据进行比对。

四、研究结论

(一)案例研究

1.《沉默之罪》(2009)

《沉默之罪》深入监狱内部,从独特的视角揭示了一群为从家庭暴力中解放出来而努力的杰出女性的人生。在加州女子监狱,美国监狱系统中首次出现了由犯人组织和领导的团体,并打破了世人对于家庭暴力的误解。(《沉默之罪》,未知时间)

影片导演奥莉维亚·克劳斯在参加了“女犯反对暴力”组织(CWAA)的

志愿活动后开始制作本片。该组织由一群在押女犯人自愿发起，旨在给现有体制带来改变并能够撤销她们的案件。当时，加州法律并没有将女性受到的暴力虐待纳入量刑范围，因此女性总会受到一级或二级谋杀指控。电影的主要角色布兰达•克鲁宾创立了CWAA，她因在自卫过程中杀死了自己的丈夫受到二级谋杀指控，并被判处20年监禁。2008年出狱以后，克鲁宾成为影片的重要支持者。（布兰达•克鲁宾，个人通信，2017年6月7日）

《沉默之罪》于2009年在多个电影节放映，并在2011年登上了美国调查探索频道（《沉默之罪》，未知时间）。克劳斯在基层展开了核心教育外延活动，在家庭暴力现状最严重的十个州举行了多场放映。她积极与全国反家庭暴力联盟在当地的社区组织和机构合作，在几年的时间内举行了数百场放映活动。

在举行完旧金山大学的社区放映活动后，一位观众将影片发给了时任加州议会家庭暴力委员会主席的女议员菲奥娜•马（旧金山和圣马特奥县民主党）。马与克劳斯在萨克拉门托举行的家庭暴力集会见面，并在现场向多位立法工作者放映了该影片。随后，马开始致力于相关政策的改革。“立法变革真的都是从这场放映会开始的，每一位看过电影的立法工作者（在观影后）都想要作出贡献”（奥莉维亚•克劳斯，个人通信，2017年5月8日）。

> 我们（工作人员和我）看过电影后立即决定要做点什么以改变现状；我们毫不知情会有这种情况存在。所有官员和工作人员在看过电影后都深表同情……此活动受到了民主党和共和党的共同支持。（菲奥娜•马，个人通信，2017年5月8日）

放映活动之后，菲奥娜•马联系了海蒂•鲁梅尔。鲁梅尔是一位公共律师，并且在南加州大学担任教授，精通加州地区的家庭暴力政策。鲁梅尔以及她参加的加州人身保护计划促成了两项立法：《沉默之罪》法案AB 593和AB 1593，这些法案允许家庭暴力问题专家在庭审过程中提供证词，并要求缓刑委员会将能证明犯人受到配偶殴打及其影响的信息或证据纳入考量范围（《沉默之罪》法案，未知时间）。

州议员菲奥娜•马成为该影片、女性经历以及相关立法的首要支持者。她先后举行了多次放映活动、听证会并与反对团体进行会面，同时也为该影片争取到了许多媒体报道机会。2012年10月12日，加州州长杰瑞·布朗签署了两项法案，并在2013年1月1日生效（《沉默之罪》法案，2012）。

2.《永远忠诚》(2011)

海军陆战队军士长杰瑞·恩斯明格为军队奉献了25年的年华。作为演习教官，他对陆战队了如指掌，并且使上千名新兵领悟了军队的座右铭“永远忠诚”。当杰瑞9岁的女儿死于一种罕见的白血病时，他的世界崩塌了。这名饱受折磨的父亲许多年都没有从悲痛中走出来，他在找寻自我的过程中，却在海军陆战队中意外发现了美国历史上最严重的一次水污染事件。(《永远忠诚》，未知时间)

《永远忠诚》由托尼·哈德蒙和瑞秋·利伯特执导，在2013年获得艾美奖提名，并且还入围了2012年奥斯卡最佳纪录片评选。1997年以来，海军陆战队军士长杰瑞·恩斯明格一直在调查9岁女儿在1985年患白血病去世的原因。他怀疑海军陆战队和美国国防部向他隐瞒了北卡罗来纳州勒让营的化学污染事件。他和他的家人曾在居住过几年时间（杰瑞·恩斯明格，个人通信，2015年12月11日）。

2004年，《华盛顿邮报》刊登了恩斯明格的调查故事（罗伊格-弗兰泽亚和斯基普，2004）。瑞秋·利伯特和托尼·哈德蒙在与恩斯明格的姐姐进行另一个项目时听闻了这个故事，决定与他本人详细面谈并拍成电影。“即使你不了解这件事的原委，你还是会为他的故事动容（瑞秋·利伯特，个人通信，2015年12月5日）”。他们希望官方能够完善相关立法，以保证受污染伤害的陆战队成员和家人能够得到妥善照顾。恩斯明格的诉求得到了美国众议员约翰·丁格尔（密歇根州民主党）的注意，他当时是众议院能源与贸易委员会的成员之一。丁格尔和他的手下花费了数年时间来完善有毒废物处理的环境规定，为了推动政策进展，他们还在寻找具有代表性的故事来反映现实（丁格尔手下工作人员，个人通信，2016年3月29日）。

恩斯明格和电影制作团队在国会内打通了关系，并主要关注勒让营所在的北卡罗来纳州，为影片接下来的受众和教育内容打下基层基础（瑞秋·利伯特，个人通信，2015年12月2日）。在拍摄过程中，团队与专家支持组织合作以与更多的国会成员进行沟通，向他们展示媒体报道和相关信息，并同时在国会组织放映活动。

其中，环境工作组织（EWG）和政府监管计划（POGO）两个组织扮演了关键角色。EWG的主管海瑟·怀特在她的办公室里安排了一位政策专家，负责直接与恩斯明格和电影团队保持沟通。她说："EWG的任务是吸引媒体的注意，并且为受害者们发声。（海瑟·怀特，个人通信，2015年11月13日）"

这部纪录片于2011年4月在翠贝卡电影节举行首映，并于2012年2月在微软全国广播公司节目（MSNBC）播放。播放几个月后，片子引起了大量的媒体报道和公众议论（瑞秋·利伯特，个人通信，2015年12月2日）。此时，奥巴马总统签署了"2012年尊重美国老兵和关照勒让营家庭法"，也叫作"简妮·恩斯明格法"（奥多内兹和巴雷特，2012）。这部新法律基于博尔参议员的立法进程，为1957年1月1日至1987年12月31日曾在勒让营工作或生活过陆战队老兵、军人家庭以及受污染物影响而出现症状的人群提供医疗保障（奥多内兹和巴雷特，2012）。

3.《游乐场：美国性交易中的儿童》（2009）

本片认为儿童性走私已经不再局限于发展中国家不受监管的妓院中，在美国国内对此现象进行探究，其中包括儿童的性教育等问题，唤醒公众对这一隐藏社会犯罪行为的认识。（鸟巢基金会，未知时间）

在发现美国公众和领导阶层对儿童性走私这一问题存在严重误解之后，导演莉比·斯皮尔斯开始着手制作这部影片（莉比·斯皮尔斯，个人通信，2015年12月11日）。在制作工作即将收尾之时，她说：

> ……很明显，这部影片将会对片中所涉及的相关法律带来巨大影响，这些法律将受害者视为罪犯，且在执行过程中严重缺乏资源、服务以及相关援助。（莉比·斯皮尔斯，个人通信，2015年12月11日）

在制作过程中，莉比·斯皮尔斯成功拉近了基层民众与支持组织的距离，在2009年翠贝卡电影节举行首映并在接下来举行系列放映活动（莉比·斯皮尔斯，个人通信，2015年12月11日）。在举办面向政策专家的放映活动时，一个促进立法改革的机会出现了：

> 当时，美国并没有相关法律来区分主动从事性工作的成年人以及被迫卖身的儿童。而且由于这些儿童被逮捕后与普通罪犯无异，他们也无法享受任何服务。当时最需要的立法变革是要确立儿童作为受害者的身份，并向他们提供相关资源救助（莉比·斯皮尔斯，个人

通信，2015 年 12 月 11 日）。

随着放映活动的进行，制作团队与许多专家级的非营利支持组织达成合作，其中包括北极星计划、国家失踪与受虐儿童中心和 ECPAT-USA。参议员罗恩·怀登（俄勒冈州民主党）和迪克·德宾（伊利诺伊州民主党）在一次私下放映活动中观看了影片，随后积极参与到提升公众认识和推进相关立法进程的工作之中（莉比·斯皮尔斯，个人通信，2015 年 12 月 11 日）。2010 年，德宾参议员主持了参议院历史上第一个讨论国内儿童性走私问题的听证会，并在会中提到了该电影：

> 最近，我有幸和怀登参议员观看了一部发人深省的纪录片……叫作《游乐场：美国性交易中的儿童》，由卓有远见的导演莉比·斯皮尔斯执导，而且她本人今天也在场……
>
> 我很高兴你拍摄了这部令所有人大开眼界的电影，也感谢你的执着和启发，我们才能够举办这场听证会。我希望我们的努力能够促成新法律以正确、人道的方法保护这些儿童。这部纪录片确实震撼了我、怀登参议员和很多人……（美国政府出版局，2010）。

之后两党合作推出的怀登-科尼恩法案，也叫作“未成年人走私治理与受害者支持法”（S. 596，2011），由两位参议员在 2011 年 3 月共同确定。该法案为性走私受害儿童收容机构提供必要的拨款支持，并号召全国上下将这些儿童视为受害者，而不是罪犯。2015 年 1 月，科尼恩参议员推出了“走私受害者公正法”。该法案由众多参议员共同支持，并在 2015 年 5 月生效（走私受害者公正法，2015）。

这次立法机会还延伸到了国家层面，全国范围实行的“安全港”法律为治理美国儿童走私提供两大方面的支持：法律保护和相关服务。该法律还正式将这些儿童视为受害者（北极星计划，2015）。据 ECPAT-USA 主席斯莫伦斯基称，该电影成为一项重要且独特的机制，允许支持者对公众和国家立法工作者进行教育，以提升他们对于这些儿童身份的正确理解（卡罗尔·斯莫伦斯基，个人通信，2016 年 3 月 11 日）。《游乐场：美国性交易中的儿童》在提升公众认识并鼓励公众支持中扮演了关键角色。“我们利用该影片对公众进行了广泛教育，毕竟改变立法的第一步就是要教育公众和立法工作者”（卡罗尔·斯莫伦斯基，个人通信，2016 年 3 月 11 日）。第一部“安全港”法律于 2010 年在纽约生效；到了 2015 年，该法律已经被34个州采用(北极星计划,2015),相比2013年的18个州有明显增长(北极星计划,2013)。

(二)纪录片政策性影响的相同点

政策精英网络的角色。上面所提到的问题专家,包括支持组织专家、决策者、立法工作者以及电影制作者们,共同组成了政策精英网络(萨巴提尔,1991)。影片叙事作为中心扮演既定知识的角色,同时又展现真实经历(爱泼斯坦等,2014)。支持组织领导者、决策者以及立法工作者一同对下属人员和成员进行教育。问题支持者作为政策专家引导帮助电影制作者确立影片政策影响潜力的正确方向,并同时帮助扩大媒体报道范围。这样一来,政策精英网络将影片塑造成具有说服力且不带有政党特色的信息,电影制作者担当其发言人的角色。

在《游乐场:美国性交易中的儿童》案例中,由于问题支持组织和政策领导者的支持和帮助,该影片得以面向公众和决策者举办多次公开或闭门放映活动,其中包括为450名联邦调查局(FBI)探员、参议院司法委员会下属的人权与法律委员会举行的听证会、面向美国法官的司法会议、怀登参议员在国会进行的人口贩卖情况简报举行的放映活动,以及为联邦法官举办的放映活动。这部电影对于问题支持者具有重大价值:"《游乐场:美国性交易中的儿童》是唯一全面展现这一问题的电影。没有它,我根本无法向公众讲述这些故事"(卡罗尔·斯莫伦斯基,个人通信,2016年3月11日)。

在《沉默之罪》案例中,州议员菲奥娜·马大力支持她的新法案,她和她的手下直接与影片导演克劳斯以及其他在基层观看过电影的社区参与者进行合作。随着公众支持的加深,该法案也顺利通过了加州众议院和参议院,并等待州长的签署:

> 我们与州长办公室进行了会面,为他们举行了放映活动并留下了影片拷贝。我们还邀请布兰达(影片主要人物)和其他基层支持者轮番写信和电话轰炸州长办公室……他们每一次的故事分享都在推动整个事件的进程。(菲奥娜·马,个人通信,2017年5月8日)

媒体报道和基层公众也为影片和立法改革成效贡献了力量。影片《永远忠诚》在2012年于MSNBC播放时,先前的立法动力已经逐渐消失。

影片播放后的媒体报道、公众诉求以及时机把握进一步促进了立法的推进。发去国会的信件、邮件以及电话所产生的媒体报道、支持组织以及公众压力构成了共生关系，正是这种关系组成了一个声势更加浩大的群体，并对立法成功产生重大影响。

情感与现实在社会问题纪录片叙事中的角色。三部影片中以人为本的情感叙事是本研究的重点，但是对现实信息的掌控也很重要。所有受访的决策者、工作人员以及问题支持者都强调了他们对于纪录片的瞬间情感回应。在《游乐场：美国性交易中的儿童》案例中，决策者表示他们能够通过一个新角度来审视社会问题。同样，在《沉默之罪》案例中，州议员菲奥娜·马在看到一个她不了解的社会问题时也流露出了情感回应，并使得她立即采取立法行动：

> 罗列事实并不会打动我。这部电影发人深思是因为它将问题人性化地体现出来。对于我而言，电影的推动力更为巨大。如果不是我们发声“帮帮布兰达”，而是有人给我7000个需要我帮助的女犯人的信息，效果就大不一样了。这部纪录片的强势之处在于它给我们提供了一个更宽广的视角和机会来真正倾听、关注这些女性的故事。（菲奥娜·马，个人通信，2017年5月8日）

纪录片叙事为公众教育和社会问题参与提供了一个新工具。在《沉默之罪》上映之前，网络组织、律师、幸存者群体和家庭已经向家庭暴力和法律系统抗议了很多年。“基层支持者和组织终于有办法来分享这些女性的故事了”（奥莉维亚·克劳斯，个人通信，2017年5月8日）。

在《永远忠诚》案例中，电影故事成功融入了环境污染的现有政策框架，以人为本的情感叙事更进一步让问题支持者和决策者超越传统的政党思路。EWG领导者说：

> 每个故事都必须深入人心；对话必须建立在价值观基础上，而不是大谈科技问题，而且还必须尽可能跨越党派纷争……如果我们不能将这些技术层面的复杂问题融入有意义的叙事之中，那么任何努力都不会有效。（海瑟·怀特，个人通信，2015年11月13日）

一位撰写了最终法律的工作人员说：

> 大多数工作人员都想做出改变，他们享受为变革做出贡献的感觉。因此，当这部重要的纪录片出现之后，我们觉得终于有办法做出

更大努力了。(博尔手下工作人员,个人通信,2016年1月6日)

受访的政策专家表示,纪录片可以提供新故事以及不具有政治色彩的现实信息。例如,在《游乐场:美国性交易中的儿童》案例中,决策者们都表示没有政党倾向的叙事是一个重要的影响。怀登参议员前任高级助理表示:"莉比成为一个专家……一个没有政党争议的电影很容易被人接受"(怀登手下工作人员,个人通信,2016年1月8日)。电影对现实进行了重新叙事,并在联邦和各州层面开启了立法进程。在新法律出台之前,涉案的未成年人被称为"童妓",毫不考虑他们的受害者身份。斯莫伦斯基对于电影改变叙事方向的作用表示认同:

> 某种程度上来说,《游乐场:美国性交易中的儿童》参与到了一个已经在进行的运动当中。电影在转变刚刚开始的时候上映,并为这一转变贡献了力量……它还对执法机构的观念变化做出了贡献,使他们不再将这些儿童视为坏孩子。这部电影提供了一个崭新的视角。(卡罗尔·斯莫伦斯基,个人通信,2016年3月11日)

对于全体支持者和决策者来说,如果他们更倾向于以党派为基础不切实际的解决方法,那么这些电影将不会被问题专家和领导层所重视。看过《永远忠诚》的政策制定人员表示,电影的中立立场和以人为本的叙事十分重要,使具有不同意识形态的组织和机构能够携手共同追求同一目标。"我见过很多政党支持组织为了政治追求大打出手,但是这次他们为了最终成果选择了正确的方法,这在一个两极分化的世界里是很难得的"(丁格尔手下工作人员,个人通信,2016年3月20日)。总的来说,政策精英网络下的各个成员强调了情感共鸣、纪录片叙事提供的新启发、对事实的把控以及没有政党色彩的客观框架。

(三)讨论

以上三部纪录片以以人为本的叙事为核心,通过多方合作来合并政策机制以实现立法成功。电影制作者们将自己置于互通的政策精英网络之中,并通过相互合作增加影片的可信度,将纪录片叙事融入公众教育和政策参与活动之中。

本研究聚焦于数字时代现有政策文献中的社会问题纪录片,并通过政策子网络展现了立法工作的合作性质(萨巴提尔,1991)。研究提供了一个联合模型来分析纪录片的政治性影响（怀特曼，2004）；研究发现了明确的证据来证明模型的原始元素是可行的：支持组织的角色和影响以及对于决策者的影响。我们通过研究以人为本的社会问题纪录片叙事风格对决策者的影响，来进一步拓展这种联合模型。

我们同时也通过案例研究来拓展对现有纪录片策略有影响的文献（纳什和康纳，2016）。第一，根据纪录片最重要的定义——对艺术表达和现实生活的双重聚焦（尼科尔斯，2010），本研究发现了因为受到纪录片故事和现实双重影响而发生的政策变化。的确，本研究中的受访者都认可两者均具有政策性影响。重要的是，政策专家认为这些电影是不具有政党倾向的，而是对现实的诚实反映，是不带有意识形态和政党立场的解决方法。换句话说，他们没有将这些影片视为政治宣传，而是对人们生活和现实的具体新闻性描述。这一点对于纪录片制作者来说尤其重要，因为在美国这样以党派冲突为主的文化环境中，决策者们认识到了以人为本的诚实叙事在公众教育和政策工作中的重要性。这些影片超越了党派纷争，然而我们还是有必要提醒：艺术表达的社会问题纪录片面临着重大的道德责任。未来研究必须将社会问题纪录片制作者们对于道德挑战和解决问题的看法纳入研究范围，并为现有纪录片相关对象的态度研究做出贡献（纳什，2012）。

第二，本研究发现以人为本的纪录片叙事能够带来情感共鸣。的确，联合模型（怀特曼，2004）并没有解释叙事本身的性质和角色，相反，最初的联合模型认为纪录片提供给政策精英网络的信息就只是单纯的信息而已。纪录片的创造性所带来的一个产物也许就是它将人性故事置于核心的能力，但要以艺术方式达到这一目标，则有可能加深其情感影响。情感共鸣的核心性不仅是纪录片的特点以及观众影响研究的机制（布拉姆·查托和费尔德曼，2017；拉马尔和兰德瑞维尔，2009），也是政策精英们所体验到的影响。

虽然爱泼斯坦等人的研究（爱泼斯坦等，2014）没有明确认可纪录片叙事在政策层面作为既定知识潜在来源所扮演的具体角色，但本研究对这一角色表示认可。前人研究没有涉及既定知识叙事的种类或格式，本研究结论可以为未来研究提供方向。本文将政策工作网络置于纪录片情境之中，将影片制作者视为能够在政策情境下提供既定知识的个体，也就是指那些能够用真实生活启发决策者、立法工作者和问题专家等精英人士的叙事（爱泼斯坦等，2014）。政策支持领导者、决策者和其他工作人员将观看影片的经历描绘成第一次或从全新角度面对社会问题。

本研究仍然缺乏提出定量结论的能力，无法对三部电影的观众情感效果进行包括叙事转移（格林，2004）、情感角色（布拉姆•查托和费尔德曼，2017）在内的影响效果研究。尽管如此，研究还是可以看出影片给受访政策专家带来的情感冲击，他们都认为情感回应是自己追寻立法变革的主要因素。未来可以考虑研究更多纪录片的长期影响以及哪些影响和合作因素更为直观。

我们将以事实为基础、具有情感性的纪录片叙事置于研究核心，并探究现有研究中缺失的合作政策工作细节和政策专家的决策态度，未来，可以尝试将本研究的采访方式与观众研究相结合。此外，调查纪实类且具有明确政党倾向的表达（比如帝索萨的《亡命国度》）也不失为有价值的方向，因为已经有政策专家表示，本研究中的非政党倾向研究在公众和政策教育中具有重要作用。本研究并没有包含社会问题纪录片的其他几大重点领域，比如影片的制作背景和投资者的期望等，未来研究可以考虑探究这类问题，深层次理解基层支持组织和纪录片制作者之间的复杂关系。

本研究发现，以人为本的社会问题纪录片能够向美国政策制定群体展现社会问题不为人知的故事，并借助具有情感的方式展现真人真事来进一步推动政策变革。正如上文解释，当纪录片揭示一个具有艺术性、情感性且有事实信息支撑的故事时，决策者和支持组织会出于战略考量而使用这类影片来推动社会公正问题进展，这是一种双赢策略。在信息时代，公众参与也逐渐数字化，社会问题纪录片可借助它以人为本的亮眼故事，来吸引公众以及拥有话语权的决策者对于社会问题的重视和投入。

电影中意识形态的体现

——以美国“二战”题材电影为例分析

付居蔚*

电影作为第二次工业革命以后新兴的传播媒介，具有超强的时效性和代入性，具有一定的价值属性。“电影不仅是商业产品，而且具有极大承载力，能够传达价值、意义层面的内容”（王竞：《故事片创作六讲》，第17页），换句话说，电影包含了国家、社会、思想、文化等诸多意识形态内容。由于“二战”题材电影类型的特殊性，我们可以联想到国家层面或民族层面去进一步探究，这是对其进行更深层次的思考，思考电影对某一国家、民族、群体或个人的影响。

电影是大众传媒中重要的表现形式之一，为观念、行为以及认同提供素材。也就是说，电影不单反映集体特定的意识形态，且形成一种与受众心理相对应的关系，即传递自身所具有的意识形态并影响着受众。道格拉斯·凯尔纳认为：“媒体文化中的图像、音响和宏大的场面通过主宰休闲时间、塑造政治观念和社会行为，同时提供人们用以铸造自我身份的材料等，促进了日常生活结构的形成，人们使自己嵌入文化当中。”简单来说，电影在提供素材的同时也传播着观念、影响着行为，具有认同的作用。这就使我们能够通过研究“二战”题材电影，来认识电影在重构历史中的认同作用。

核心问题

“美国‘二战’题材电影作为体现着美国群众对当时社会和文化的艺术表现形式，题材类型、表现形式在全世界享有极高的声誉，得到广泛的

* 付居蔚：北京电影学院现代创意媒体学院摄影技术与艺术系影视摄影与制作专业学生，主要研究方向：电影理论。

认可。”那么，“二战”题材电影是怎样建立在对历史的认同之上的？是什么使美国战争题材电影具有这样独特的思维模式？“电影既是多种艺术的综合体，又是不折不扣的现代商品；既是哲学、政治、艺术与意识形态相互渗透的文化空间，又是彰显欲望最直接的场所。”

本文试图从电影出发，探究美国“二战”题材电影是如何建构对历史的认同？这种建构呈现出怎样的特征？这种特征又怎样体现意识形态？

概念阐释

1.认同

认同有多重身份，本小节就其中一点进行讨论，在心理学家弗洛伊德看来，“认同是个人或群体在情感上、心理上不断同一的过程”。认同在电影语境下的含义是指观影受众与影片人物产生的共鸣，跟随影片人物的喜怒哀乐产生同一性的心理过程。认同镶嵌在电影语境下，使其产生独有的特征。下文所说的认同都是基于此原理之上。

2.集体记忆

“记忆”一词，在词典中指在头脑中保持的对过去事物的印象。一般而言，人类获得跨越时空的总体体悟与感知，是在记忆与过往经验中建立的联结。本文从“集体记忆”（由哈布瓦赫最早提出）的视角对二战题材电影进行重新审视，第二次世界大战之所以能被“集体记忆”的观点来看待和论述，是因为它是历史上首屈一指的事件，得到人们的集体看待。对于个人而言，“过去”是记忆，对于集体而言，“过去”是历史。总之，本文所探讨的历史是围绕集体记忆内部个人或群体对历史的认同。

一、内视点[①]中的历史记忆

电影文本是对集体记忆的建构，使受众群体凝聚共识，最终达到集体认同。作为一种文化与思想的传播媒介，二战题材电影在建构集体记忆时蕴含着集体认同的话语，其中包含美国的主流思想和主流意识形态。本章

① 内视点又称受限视点，即叙事者=人物。

节结合美国二战题材电影，考察电影中的历史记忆如何达到集体认同。

在叙事学中，热奈特提出了领聚焦、内聚焦、外聚焦三种叙事模式。应用到电影中来说便是我们常说的视点，即全知视点①、受限视点（内视点）②、客观视点（外视点）③。本小节通过研究受限视点去分析电影当中所表现的历史记忆。

受限视点（内视点）相较于全知视点与客观视点，它限定了受众在导演指定的视野内去观看影片，利用受限视点使观众像是在观看"真实"的战场，将观众完全代入战场之中。让我们对比一下《巴顿将军》中爱尔圭塔坦克大战与《拯救大兵瑞恩》中最后一场阻击战中各视点的分布（见表1）。

表1 《巴顿将军》与《拯救大兵瑞恩》各视点分布

	全知视点	内视点	外视点
巴顿将军	30	5	22
拯救大兵瑞恩	9	111	55

图1 《拯救大兵瑞恩》中的受限视点（左）和全知视点（右）

据笔者观看影片并计算，《巴顿将军》各视点比例为全知视点52%、内视点10%、外视点38%，《拯救大兵瑞恩》各视点比例为全知视点6%、内视点63%、外视点31%。根据比例，可以看出两部影片在视点的运用上大相径庭，《巴顿将军》运用经典的分镜头手法，以全景镜头介绍环境，

---

① 叙述者对整个事件有完整的了解。

② 叙述者从文中人物角度出发了解整个事件，它可分为三种形式：固定式（如《楚门的世界》，我们几乎始终没离开楚门的视点）、不定式（如《怦然心动》里，其视点在人物布莱斯与朱莉之间来回切换）、多重式（如《罗生门》从不同人物的角度来叙述整个事件）。

③ 叙述者所了解的并不比文中人物多。

紧接着是各部队开赴战场的全景，接下来是人物近景，十分清晰地介绍时间、地点、人物。这样的手法可以使观众很清晰地梳理出故事层次。不仅如此，这一片段中还穿插了几处大俯视镜头，用一种全知视角审视这场战争。因而《拯救大兵瑞恩》前21分钟的镜头都是从剧中人物出发，从未脱离过人物。在激烈的战斗场面中，没有一处俯拍和远景镜头，观众本人就如同在现场一样，无法从中抽离，无处遁藏。

由此不难看出，大量运用内视点可以使观众更真切感受到真实，并接收到来自影片的场景震撼和人物情感。巴赞认为“电影要展示真实世界，就必须与我们对真实世界的体验尽量接近。”换句话说，就是看电影获得的体验与观察真实世界获得的体验越接近，电影就越能有效地使观众产生幻觉，认为自己正在观察真实世界。这是因为内视点带来的真实、生动感，使观众认同了影片所要表达的情感和观点。

（一）残酷的战场

在内视点语境下，我们以影片《拯救大兵瑞恩》开篇登陆战争为例进行列举：

①3:48—5:35，米勒和他的小队乘船准备登岸；美军士兵冲向海滩。士官长大略复述登陆注意事项，兵士们十分紧张。在登陆前，米勒对队员们进行战前部署。

此处，从米勒的视点表现士兵们紧张的情绪。米勒拿着水壶的手抖个不停，体现他在高压环境下的紧张，也使观众感受到紧张的气氛。

②5:35—8:36，刚登岸的美军迎来德军强烈的炮火，很多士兵还没来得及下登陆艇就被射杀，伤亡惨重。米勒指挥士兵登岸，他拉着一名士兵在敌人猛烈的扫射中勉力登上海滩，大兵刚向米勒道谢后就被打死。

此处，从米勒的视点刻画一个个士兵的登岸情况，通过对登陆状况细节的描述展现战争的惨烈，使观众意识到战场的危机四伏。

③8:37—9:43，米勒意识恍惚，耳鸣时，他看到战友葬身火海，看到士兵被射断手臂在寻找残肢，看到整艘登陆艇被炸起火。他下意识地从海水中捞出钢盔扣在脑袋上，看着他的手下呼喊他，他的神志慢慢恢复正常。

此处，整个片段以耳鸣声中米勒的视角拍摄，使观众深入其中，觉得自己所看到的就是米勒所看到的。

《拯救大兵瑞恩》的这一片段以米勒为主视点，使观众跟随米勒前进的脚步，通过一层一层地递进，使观众切身体会到战争的残酷，整个过程一直保持着记录的风格，以第一人称视角真实再现一场最激烈、最残酷的战争。运用内视点，使视角与人物保持同样的高度，就好像是我们身处战场，加深了我们对战场的认知。

电影《细细的红线》描述了瓜达尔克纳尔岛战役中一个步兵连的战斗故事，其中一个片段讲述了贝尔率领小队攻占堡垒时的战争场面。

①1:28:00—1:30:19 贝尔率领七人小队翻越山岭摸到碉堡附近。

通过拍摄贝尔小队翻越杂草丛生的山岭，反映出贝尔小队孤军深入以及战斗开始前的宁静。

②1:30:20—1:32:00 贝尔小队到达碉堡附近，并指挥炮击堡垒。

从贝尔的视点出发，一方面刻画了他们身处的环境，另一方面突出小队人物的紧张气氛。

③1:32:01—1:33:40 贝尔小队开始进攻碉堡，小队成员不幸中弹。

在敌人密集的火力中，贝尔小队应接不暇，突出了小队成员进攻的艰难。

④1:33:41—1:37:00 贝尔小队成员相互配合，阻击了一队又一队日本兵，随着贝尔吹响口哨，队员们慢慢从紧张与杀戮中平静下来。

此片段从小队人物视点出发，描述了激烈的战争场面。

内视点加深了受众对战争残酷的认知，莫里斯·哈布瓦赫认为“记忆从各个维度潜移默化地影响着我们，这种‘现实感’构建了我们记忆活动的起点”。《拯救大兵瑞恩》与《细细的红线》从设定好的内视点出发，从人物或说是从人道的角度出发，既再现战争的残酷，又表现出美国崇尚的牺牲精神与英雄主义，所以观众在感受战争残酷的同时也感受到这种随之渗透进来的意识形态。

（二）大屠杀记忆

电影中，列兵梅利是拯救大兵瑞恩小分队里唯一的犹太人，他的出现是导演个人民族情结的标志。梅利在影片中起到两个方面的作用：第一，梅利代表美国化的犹太人，举止行为中渗透着美国文化的身影；第二，他是激发犹太人对大屠杀记忆的关键因素，即将牺牲的梅利面对德国士兵拼命抵抗，却没有人能出手阻止。下面选取以梅利为视点的相关片段对“大屠杀记忆”进行解读：

①25:50—26:25，美军攻占海滩后，卡帕佐在搜索德军战壕时发现了一把希特勒青年军小刀并把它交给了梅利。梅利拿起这把刀嘲笑着说：“现在它成为犹太安息日的面包刀了。”说完，他靠着战壕忍不住开始哭泣。

影片让观众通过梅利的视点感受其他人眼神的躲闪，表现出美国犹太人身份的不同。导演通过对梅利的刻画，表现出犹太人民在二战中遭受的苦难，对每一位犹太人来说，痛苦都是难以磨灭的。

②1:15:35—1:15:45，梅利在德国俘虏队伍旁挑衅地展示着自己项链所带有的“大卫之星”，嘲笑着大喊“我是犹太人”。

导演通过梅利的视点，以戏谑的方式告慰死在纳粹屠刀下的犹太同胞。

③2:24:20—2:25:45，梅利在打完最后一颗子弹后，独自和德国士兵肉搏，最终，德国士兵将刺刀抵在梅利的胸前并缓慢刺入，同时喃喃自语：“这对你是一种解脱，很快就结束了。”

这一场景通过梅利和厄本两个视点进行描述。在这一情境下，梅利与厄本的身份都具有特定的意义，梅利代表的是二战中被德国纳粹所迫害的犹太民族，厄本所代表的是美国士兵的情感创伤和牺牲。最后，守卫战开始之前，厄本与梅利听着留声机，谈笑风生，一路中建立的友情使厄本对自己听到梅利挣扎时却不作为的行为充满了负罪感。这些场景交织在一起，表现出美国语境下的“大屠杀记忆”。

说起犹太人命运，我们可以从另一部《辛德勒的名单》谈起，在整部影片中，描述犹太人遭受迫害的片段大部分以辛德勒的视点开始。

①1:08:10—1:10:39，辛德勒站在山丘之上俯瞰着犹太人区；纳粹士兵随意捕杀着犹太人；一个身穿红衣的小女孩在街道上穿过；而辛德勒只能在一旁默默地看着。

以辛德勒的视点描述了整个犹太区遭受迫害的场景，辛德勒看到犹太人被迫害的惨状。红衣小女孩从街道上出现，这一点红色代表着生命，她伴随着辛德勒的目光，包含着希望，却最终被吞噬，这是辛德勒内心的第一次转变。

②2:13:00—2:16:19，辛德勒从家中走出，他发觉了雪的异样，走到车边，才发现那看似是雪的白色物体其实是焚烧尸体产生的灰尘；辛德勒来到纳粹焚烧尸体的山头，看到了堆积成山的尸体；远处一辆载有尸体的车

车驶来；当辛德勒看到红衣小女孩也躺在小推车上时，内心无比绝望。

导演此处的情节设置一开始给观众的感觉是下雪，但观众跟随着辛德勒视角发现雪中的异常，并通过辛德勒的视角感受到纳粹焚烧犹太人的罪行。辛德勒只能无奈地看着堆积的尸山，感到绝望，这是辛德勒内心的第二次转变。

“集体记忆作为电影怀念旧时记忆的建构素材，成为坚守及置换身份认同的一种表现手段。”在这里，犹太人大屠杀这一重大历史事件被选作电影创作素材，成为这两部影片表现历史记忆的基础。在此之上，影片将历史书写得真实、深刻，让观众能够深切感受当时的历史内容，同时也让观众对影片所要表达的内涵具有连续的认同。

这两部影片都是利用内视点的叙事手法构建起二战的历史记忆，从而有效地将美国主流价值观隐含其中。影片殚精竭虑所打造的“真实感”“身临其境感”会有效帮助观众产生对影片主人公情感的共鸣，并从美国主流价值观的角度去思考战争与人性、思考生命的价值。

二、历史的重构

笔者认为，电影具有多种价值属性的关键在于导演对影片的处理。“作者论也认为，好电影重点在于导演自身风格化的创作，而控制创作的就是导演”（路易斯·贾内梯：《认识电影》，2007年）。以何种方式解构历史记忆是电影历史叙事的重点，所以，类似二战题材电影这种有历史记忆的影片是具有个人化印记的，也就是说，我们通过考察电影对历史的重构，就可以总结出电影是怎样选取历史资料的，并能够分析这些资料的意义。本章节通过分析影片人物形象以及叙事结构，探究电影如何实现历史重构。

（一）电影人物形象的构建

首先，我们剖析一下电影中的对话方式与日常生活中的对话方式有何异同。两者的共性在于无论是生活还是电影，对话的作用都是传情达意，对话本身具有暧昧性和多义性，能体现出人物的性情。不同之处在于，生活中人们的交谈很随意，但是电影中的每一句话都经过不断地打磨使其听上去既自然又能准确表达含义；另一个不同是，生活中的对话是线性的、碎片式的，表面连续实际上是不连贯的、错乱的、逻辑不严谨的，而电影中的对话则是被精心挑选的、最关键的几句话，不仅仅影响对话本身，还具有塑造人物的特点。

在笔者看来，电影受众对影片内容最直接的反应往往来源于影片中人物的对话，随着电影情节的发展，人物对话的口吻会随之发生变化，人物情感也会发生转变。相比于画面，对话是第一时间让受众感受到片中人物形象的表现方式。下文通过前后对话的对比分析人物塑造的特点：

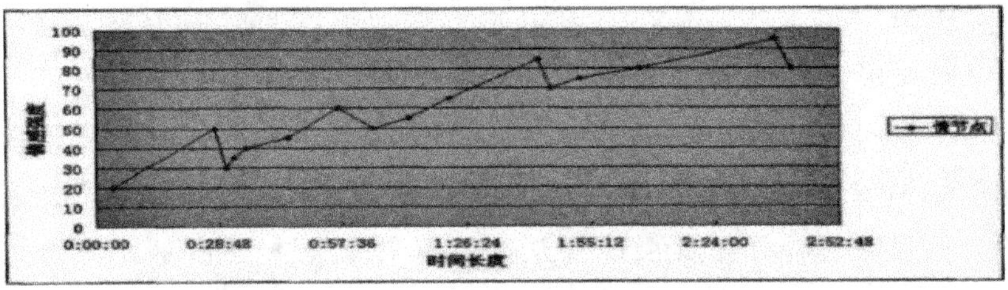

图 2　《拯救大兵瑞恩》的情绪分布

表 2 《拯救大兵瑞恩》中的情节点时间

序号	起始时间	结束时间	内容	时长
1	0:00:00	0:03:48	老瑞恩来到墓地看望恩人	3分48秒
2	0:03:48	0:27:48	米勒一行人参加诺曼底抢滩登陆	24分00秒
3	0:27:48	0:30:42	秘书发现瑞恩家只剩瑞恩一人，告知上级	2分54秒
4	0:30:42	0:32:28	瑞恩的母亲接到阵亡通知	1分46秒
5	0:32:28	0:35:28	美军司令决定派人拯救瑞恩	3分00秒
6	0:35:28	0:45:03	小分队组成并出发	9分35秒
7	0:45:03	0:56:54	雨中作战，卡帕佐牺牲	11分51秒
8	0:56:54	1:04:40	雨中战斗结束，并未找到真正的瑞恩	7分46秒
9	1:04:40	1:12:46	教堂修正，队员们聊起往事	8分06秒
10	1:12:46	1:22:30	找到瑞恩下落	9分44秒
11	1:22:30	1:43:14	韦德牺牲，小分队危机爆发与解除	20分44秒
12	1:43:14	1:45:55	找到瑞恩	2分41秒
13	1:45:55	1:52:47	瑞恩拒绝离开，众人决定留下	6分52秒
14	1:52:47	2:06:36	决战前的准备	13分49秒
15	2:06:36	2:38:04	守桥决战	31分28秒
16	2:38:04	2:41:45	老年瑞恩在墓地悼念死去的战友	3分41秒

从情绪分布坐标图可以看出，第6段落在纵坐标上所对应的情感强度为45（0:35:28），在电影第二个小高潮之前，由此可知这一段是起铺垫作用。现在我们把这组对话放入整个片段中来分析它是如何塑

造人物形象的。

莱本:"对不起,就当你不是上尉或我是少校吧。你会说什么?"

米勒:"那样我就会说,这次任务棒极了,意义重大,值得我全力以赴,而且我对瑞恩的母亲,感到深切的悲痛,为了慰藉她,我愿意赔上我与部下的性命,尤其是你,莱本。"

在这一片段中,小分队成员对寻找瑞恩这一任务的情感是不解与抱怨。当然这不是导演真正想要表达的,因为导演要为拯救瑞恩这个事件正名。除去影片27分钟时提到的瑞恩需要被解救的内部原因(瑞恩兄弟只剩瑞恩一人),这一片段的这一组对话帮助解决了外部原因。由这组对话可以看出,当队员在抱怨瑞恩的时候,米勒上尉说的却是瑞恩的母亲,那么我们就可以通过符号学来分析导演在这里设置母亲这一话题的原因,瑞恩在符号学中的意义是指某个人,即个体,而"母亲"在符号学中的意义是指一类人,瑞恩的妈妈可以叫母亲,米勒的妈妈也可以叫母亲,母亲所代表的是家庭延续的基础,是人类普遍认同的,即"母亲=家庭",导演在这里设置母亲这一话题就让受众不知不觉接受了拯救瑞恩这件事,即"拯救瑞恩=拯救家庭",由此解决了为拯救瑞恩正名的问题。在此分析的基础上,我们再分析这句话对人物塑造的意义就简单多了,在大量的二战题材电影中,我们总能听到长官对士兵说"我们是一个家庭,你们就是我们的孩子",回到这一片段中,孩子们(士兵)抱怨的时候需要家长(米勒上尉)来给孩子们讲道理,这句话就将作为长官的米勒塑造成一个有责任感也有家庭观念的人物形象。

第11段落在情绪分布表的纵坐标上所对应的情感强度为85(1:22:30),是第三个高潮,其中的对话包含着导演想表达的情感和思想。

米勒:"瑞恩,我并不知道他是谁,他对我来说没有任何意义,他对我来说只是一个名字,如果找到它可以使我有权回到我妻子身边,那么我就会完成这个任务,你想离开?你想重返战场?好的,我不会阻拦任何人,我甚至可以帮你提交报告,我只知道,我每杀一个人就会离我的家越远。"

这些话出现在小队内部发生分歧的片段。当家庭(小分队)成员出现分歧时,作为家长(米勒)要怎么做?再多的行动都不如家长与孩子坐下来促膝长谈一番。这段话,米勒并没有命令谁必须留下,而是说起他参加这次行动的目的是“想回到妻子身边”，前一部分米勒所说的话刻画的是人的本我，是人潜意识中的需求，这句话刻画了米勒是一个内心有爱的人物形象。它所表达的内容不仅仅是米勒的心声，更多的是映射出由于战争与家人分别的每一个士兵的内心活动。这就是对话的精妙之处，用对话把剧中人物与受众（特别是经历过战争的人）的情感连接在一起，在这一刻任何人都是米勒，米勒也可以是任何人。而后半句“我每杀一个人就会离我的家越远”，这就是米勒的自我，因为身处战争之中，他很清楚自己已经摆脱不了自己的命运，因为越往前走就会伴随着越多的杀戮，这是他一生都磨灭不掉的烙印，此处映射的是受过战争洗礼的人一辈子的伤痛，也刻画了米勒虽心存爱意但在这种环境下无能为力的无助形象。

经过上述分析，我们不难看出对话能够表达画面无法触及的东西，即映射，糅合在影片中随着画面潜移默化地流入受众的内心。对话不单单是对当时历史时期人物的塑造，更能唤起受众内心的超我，让受众在接受人物形象的同时重塑出一种人类最深层的共识，这种重塑具有凝聚力量的作用。

（二）电影叙事的布局

电影叙事沿袭传统小说的叙事，主要包括故事的情节安排、行动动机、人物性格和审美特性。下文通过分析《细细的红线》《辛德勒的名单》来研究电影如何通过叙事来重构历史。

“经典好莱坞电影在故事的构造和情节发展方面总是以戏剧化为基础，故事情节充满戏剧性的矛盾，故事发展逐次递进直至结尾高潮，并总是离不开大团圆的结局。”而电影《细细的红线》表达的却是“战争中的真正敌人是战争本身”。本片一反常态，从整个故事到具体场景都是零散的，影片共分为八个片段：（1）维特与战友生活在土著部落；（2）维特与战友被他们连队找到，并运往战场；（3）部队登陆作战；（4）艰苦地攻占日军阵地；（5）美军进攻日军阵地；（6）战斗结束后步兵连休整一周；（7）在丛林作战中，维特为了掩护队友而牺牲；（8）步兵连离开岛屿。

电影通过描述士兵的心里恐惧反映出战争带给人的伤痛。碎片化结构呈现出整个故事的走向，通过大量的蒙太奇手法，把现实与自然、幻想连接在一起。例如，影片开头出现一只鳄鱼入水的画面，紧接着又出现了相互缠绕的大树，表现大自然的包容性；在对山顶进攻时，出现了刚出生就摔落在地上的幼鸟，表现出战士们内心的苦楚。

在这部影片中，大量的独白、旁白和闪回组接而成的碎片化叙事手法，与士兵的心理同步，使观众能够真切感受到战争氛围。观众能够随着独白、旁白的叙述而思考，这种思考过程就是自我审视过程，认同也由此而生，我们可以试着用类比的方法进行解释，以歌曲为例——先说为什么会用歌来做类比，因为歌曲和这部《细细的红线》相类似，都是碎片化的、情绪化的——例如，你听到一首歌，非常喜欢，我们常常会形容说“这唱到我心坎里了”，这句话中的“心坎里”就是我们所说的内心深层次的认同。

与《细细的红线》不同，《辛德勒的名单》这部电影通过个人角度来审视历史。

电影《辛德勒的名单》在叙事中分为三个阶段：第一阶段，利己主义的投机商人；第二阶段，良知发现的资本家；第三阶段，倾家荡产的救赎者。具体分析如下：

利己主义的投机商人

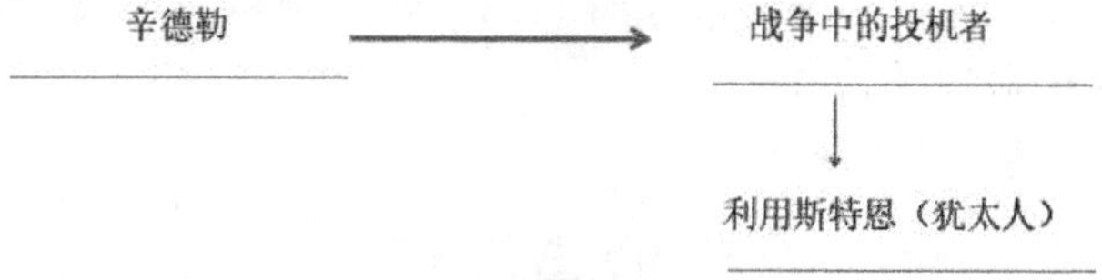

图 3

在第一阶段中，观众看到资本家辛德勒看准了这个一本万利的投资机会，利用犹太人斯特恩帮助自己联系犹太投资商，开设了搪瓷制品厂。

良知发现的资本家

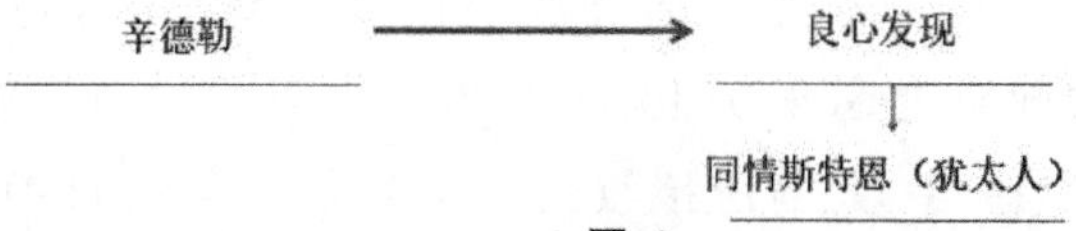

图 4

在第二阶段中，观众看到的是辛德勒在目睹了纳粹暴行后，良心发现，他以损失一天的利润为由与军方谈判，保护了即将被杀害的犹太人。

倾家荡产的救赎者

图 5

图 3-图 5　电影《辛德勒的名单》在叙事中的三个阶段

第三阶段中，辛德勒不计成本地解救犹太人，使犹太人免受屠杀。

影片《辛德勒的名单》与《细细的红线》不同，展现的是辛德勒在整个事件过程中的变化，这种变化过程有两个高点(电影的高潮)，第一处是辛德勒在山头俯瞰纳粹对犹太人管制区实施的暴行，第二处是辛德勒在山上看到纳粹焚烧犹太人的尸体。这两处场景都对辛德勒产生了深刻的影响，也使观众能深刻感受那段惨痛的经历。笔者认为，重大历史事件能够激发群众自身的民族认同感，这种认同是建立在对影片认同的基础之上的。

上述两部影片，以不同的叙事方式对历史事件进行重构，导演通过这种创作手段，让人能够审视、反省自身，重新理解人性和生命，并接受电影所传达的意识形态。

三、历史认同

众所周知，电影中隐含着意识形态，或者说导演个人在影片中体现着意识形态。那么电影中的意识形态是如何传递给受众的？又是如何让观众达到认同？

笔者在《基本电影及其意识形态效果》中的“黑箱子效应”理论中找到答案。黑箱子效应在电影业中通过放映厅被复制出来，电影院使观众进入一个新世界的同时遗忘现实世界，在黑暗密闭的放映厅中，观众与外界没有交流、通话和通信，大脑所接收到的所有信息都来自银幕。换句话说，观众在这一空间内没有了身份和性别的差异，作为无差别的观众，唯一能做的就是接收银幕上所传达的信息，其背后实质是创作者想传递的信息。在这种环境下，电影强化了观众的视觉、听觉，一步步诱导观众认同银幕上导演的表达，这是物理环境下观众对影片的一种“被迫”接受。

放映厅的设置为意识形态的传递提供了先决条件，而传递信息的主体是电影，在放映过程中，电影内部的服装、场景设计、对话都包含着意识形态。换句话说，意识形态是电影的另一种语言，但常是经过伪装的语言。在前文我们分析过对话如何塑造人物形象以及如何让观众认同影片中人物，导演在传递思想的同时，意识形态如同血液中的红细胞一同被传导给观众。

以《拯救大兵瑞恩》中霍瓦士中士与米勒上尉的谈话为例。

> 霍瓦士中士说：“但是我还有一个想法，要是我们也留下来会缔造什么奇迹呢？有天我们会想此事，也许会觉得在这场混账战争中挽救瑞恩是唯一的好事。”

这是影片最后当米勒得知瑞恩不想轻易从战线上撤下而犹豫时霍瓦士中卫说的话。在影片中，霍瓦士中士一直都是米勒的得力部下，这一路的经历让他自身对这场战争有了新的认知，他不再只去想如何干掉一个敌人，而是在想能救下一名士兵已经是自己能做的唯一的好事。

我们来看这段话是如何表达导演内在意识形态的。在二战那个非常时期，士兵对战争的意义一概不知，一个个变成了杀人机器，而在寻找瑞恩的过程中，在面对至亲战友陆续牺牲之后，他们终于还是找回了生而为人的那份人性。这份人性和对生命的珍重是导演企图唤醒每个观众个体内心最深层的意识形态，并映射当今和平年代更不能忽视那份人性和生命的意义。此处，意识形态的传播潜移默化渗透在影片当中，观众在接受影片的同时接受了影片的意识形态。

“一切电影都是意识形态的载体”。由此我们讨论电影，可以说它是意识形态的容器，相应的电影容器承载着相应的意识形态，就如同日常吃饭的碗装不下一个西瓜一样，适当的意识形态需要适当的电影容器（电影承载力）。

因此，电影传输意识形态有两个必要条件：(1)放映的环境，放映厅为观众提供了接受空间，(2)电影本身的承载力，它决定了观众接受意识形态的程度。

意识形态接受的过程就是认同的过程，这个过程不限于对电影人物、剧情以及真实性的认同，而是超越电影本身，是对思想和人的本质的认同。

结 语

本文前半部分论证了电影中历史的两个方面：一方面，电影通过对历史记忆的叙事，讲述出有真实感的和希望被普遍认同的历史；另一方面，电影编导通过个人意识重新构建历史，通过人物塑造、剧情架构使观众达到思想上的认同。前者指电影对历史的再现，后者则是指电影创作，这两者必须相互结合，缺少其中一者，这种认同是不能成立的。美国二战题材电影通过历史记忆描述了战争场面并渗透着美国主流价值观，它们作为电影内容，使观众具有了认同的基础；通过历史重构对电影人物和电影叙事重新组接，把观众的情感带入其中从而达到对影片的认同。

后半部分则是在前半部的基础上引申出意识形态这一概念，一方面阐述了放映厅的独特空间是观众产生意识形态认同的基础，另一方面阐述了电影本身需要足够的承载力来承载需要被观众认同的意识形态。对二战题材电影来说，观众对电影的认同并不是电影存在的真正价值，其真正价值在于让观众认可电影中所传达的意识形态。

电影中包含着历史记忆，导演通过对历史材料的加工，重塑出一个大家普遍了解且具有主流意识形态的电影，并传播给观众，使观众认同导演所表达的思想观点和潜在的意识形态。美国电影之所以出色，是因为美国主流电影人在思想和立场上都认同美国主流意识形态和价值观。正如王竞在《故事片创作六讲》中所说，现在的摄影师只是一味去模仿好莱坞的拍摄模式而缺少了背后的底蕴。笔者认为，这个底蕴就是对自己国家的意识形态、自己民族的历史、自己所处文化的认同，首先要确立正确的意识形态和正确的价值观，在此基础之上再去谈创作。

参考文献

1. 王竞：《故事片创作六讲》，四川文艺出版社，2008年。

2. 崔保国：《麦奎尔大众传播理论》，清华大学出版社，2006年。

3. [美]道格拉斯•凯尔纳：《媒体文化——介于现代与后现代之间的文化研究、认同性与政治》，丁宁译，商务印书馆，2004年。

4. 陈晓云：《美国电影：话语霸权与意识形态神话》，《当代电影》1998年第2期。
5. 徐建刚、郭建飞：《论美国战争电影的主题、人物及情节结构》，《电影文学》2008年第7期。
6. 北京电影学院编委组著：《艺术概论》，中国电影出版社，2016年。
7. 郝朝帅：《论新世纪中国电影中"认同"建构》，北京大学博士论文，2012年。
8. 徐南明、富澜、崔君衍编：《电影艺术词典》，中国电影出版社，2005年。
9. 周海燕：《媒介与集体记忆研究：检讨与反思》，《新闻与传播研究》2014年第9期。
10. 丹尼斯·麦奎尔：《麦奎尔大众传播理论》，清华大学出版社，2006年。
11. [法]莫里斯·哈布瓦赫：《论集体记忆》，毕然、郭金华译，上海人民出版社，2002年。
12. 陈亮：《美国战争题材电影〈拯救大兵瑞恩〉》分析，《解放军艺术学院学报》2016年第1期。
13. 赵瑜、范静涵：《怀旧影片中集体记忆的呈现与建构》，《当代电影》2019年第5期。
14. 姜雯：《虫蛹的蜕变，极致的人性——从电影〈辛德勒的名单〉中"奥斯卡·辛德勒"的人性升华解读》，《电影评介》2011年第12期。
15. [美]路易斯·贾内梯：《认识电影》，焦雄屏译，世界图书出版公司，2007年。
16. 罗立桂、王明亮：《"真实"战争的另类叙述与反思——以电影〈细细的红线〉为例》，《重庆文理学院学报（社会科学版）》2015年第1期。
17. 巩如梅：《〈细细的红线〉：书写战争的影像——美国电影摄影师约翰·托尔访谈》，《北京电影学院学报》2004年第4期。
18. 刘鹏康、陈娜：《论〈辛德勒名单〉中的历史书写与重构》，《电影评介》2018年第17期。

影像表达与心理治疗
——以纪录片《滑板少年》为例探讨“自我治疗纪录片”的创作方法

郑　恬*

中国导演刘伽茵在一次接受媒体采访时说道：“拍电影有两种，一种是你看别人、看社会，还有一种是反过来看自己。绝大多数创作都是向外看，这也跟电影创作的力量表达有关，很多人认为电影的力量在外面，但是对我来说，我是向内的，先看自己，再从自己往外看。”《滑板少年》正是这样一部向内看的纪录片。

这部纪录片的导演刘冰是一位热爱滑板运动的年轻美籍华人，出于对滑板的热爱，非电影专业出身的他坚持拍摄多年。这部纪录片真实地记录了包括导演自己在内的3个不同种族、不同家庭背景却同样热爱滑板的少年，他们一起长大成人，审视自己，审视自己的家庭，审视自己的未来。

虽然这是刘冰导演的首部纪录长片，但在国际上引起了十足的关注，也获得了多方的认可——第91届奥斯卡金像奖（2019）最佳纪录长片（提名），第34届圣丹斯电影节（2018）评审团大奖纪录片（提名），第16届中国（广州）国际纪录片节（2018）国际纪录片评优单元、优秀首作纪录片等。

本片英文名为《Minding the Gap》，直译过来有“小心缝隙”“小心脚下”的意思，但在国内宣传所用的片名是《滑板少年》。这是根据影片主要人物进行的引申命名，但缺少了原名的另一层含义。导演刘冰在接受采访时表达了一个观点：“导演和作家、音乐家是一样的，音乐家创作出音乐之后，如何去解读和理解这段音乐应该是受众的自由。这部片子取名叫《Minding the Gap》，其实是想让大家小心gap，gap是伤痕，也是代沟，是人们在不经意间挖就的一个壕沟。”这个“壕沟”，才是导演真正想

* 郑恬：硕士，北京电影学院现代创意媒体学院导演系讲师。

要传达的。

奥地利心理学家阿弗雷德·阿德勒在《自卑与超越》这本书里说过，有三个问题是必须要面对的：作为生命存活在地球上，作为个体生活在社会上，作为男或者女面对性别带来的情感。如果说《流浪地球》面对的问题是作为生命生活在这个地球上，那么《滑板少年》面对的也许是作为个体生活在社会上和作为男或女面对性别带来的情感。

表面上看，《滑板少年》讲述了一个经济不太景气的伊利诺伊州罗克福德小城滑板少年的青春故事，而随着故事的深入，我们会发现该片不仅展示了青春、自我成长、人种问题，还有生活的被害者与加害者问题。导演采用第一人称叙事，通过拍摄两个朋友和自己，围绕导演本人的"创伤性事件、家庭的秘密或者未解决的情感伤害"而展开，在一定程度上化解了自己的痛苦，抚慰了内心深处的创伤。滑板运动可以帮助他们宣泄情绪，暂时回避现实问题，虽不是万能解药，但以滑板运动为主题的"自我治疗纪录片"的拍摄，可能有效。

"自我治疗纪录片"(Self-therapy Documentary)是美国纪录片学者保罗·阿瑟(Paul Arthur)在2007年提出的一个概念，指近年来出现的一种纪录片的亚类型。这一类型的影片不同于传统纪录片的第三人称叙事方式，而以导演的第一人称叙事来组织影片，在主题和内容上往往围绕导演自身早年的内心创伤而展开。对于导演来说，制作影片的初衷和最终目的，往往在于对自身心理创伤的治愈。

正如《滑板少年》和其他一些影片所显示的，这种个人叙述同样可以与更广泛的社会现实建立一种深刻的联系，承载更深刻的社会内容。本文将尝试以纪录片《滑板少年》为研究对象，对自我治疗纪录片的创作方法进行简要论述。

一、叙事策略

通过调研得知，2012年末，23岁的刘冰完成了一个半纪录片性质的滑板视频，内容是关于滑板者与家人的关系。在这个短片的基础之上，他打算做得更深入一些，因此他开始采访那些认识的年轻滑手们，问他们平时不愿意和别人说的一些问题，比如父母、家庭、情感等。经过一年半的拍摄，他积累了大量的采访素材，并发现一个特别明显的现象——滑手们通常和父亲的关系不太好。于是，2014年，他把这个结论提给了芝加哥的Kartemquin公司。这个公司做过的最出名的作品是纪录片《篮球梦》(1994)。他们的建议是希望他拍一个角色更多的长篇纪实电影。

那个时候，黑人男孩基尔只是众多拍摄对象中平凡的一个，没什么特别之处，但当刘冰再次回到罗克福德继续追踪基尔的生活时，发现白人男孩扎克即将成为一名父亲。有拍摄经验的他认为，这是可以持续追踪的纪实电影素材，便把他纳入镜头中。经过与Kartemquin公司协商，刘冰最终确定这部纪录片的主要拍摄对象是：基尔、扎克和他自己。

在这部纪录片中，他们三个人的故事交叉进行，有跟拍，有采访，有玩滑板段落，并且多次穿插他们不同时期用DV拍摄的影像，让整个片子呈现出非常丰富的样貌。

(一)人物选择

基尔，黑人男孩，是家中最小的孩子，从小被父亲家暴。他总是一个人待在房间，因为他觉得自己很难融入家庭，不被理解。

扎克，白人男孩，父母离异，跟父亲一起长大。在片中他说“我总是想逃避生活，逃避我所在的地方”“家教很严，16岁，就彻底不和父母一起住了”“就是想逃离”。

刘冰，亚裔男孩，从小和母亲一起长大。九岁时跟着母亲搬到罗克福德。母亲再婚后，他长期遭受继父虐待，家庭暴力使他的性格越来越内向。

影片的开场部分，一个流畅的运动长镜头首先让观众认识了基尔和扎克，看到了基尔杂乱不堪的卧室，也来到了扎克家的院子，看到他和一帮朋友们抽着大麻、喝着啤酒的日常生活。紧接着，是一段富有节奏的DV录像段落，集中展现了15岁的扎克玩着滑板，17岁的刘冰自拍自话，11岁有些怯懦的基尔，被人欺负。

扎克说：“滑板比我家人更像家人。”

“我们成了家人，相互照顾，因为也没有别人照顾我们。”基尔说。

那个时候的他们有着少年的烦恼，但拥有彼此，享受着最好的时光。

导演有意识地选择了三个不同肤色的人物作为拍摄对象。黑人男孩基尔、白人男孩扎克、亚裔男孩刘冰，他们生活在同一个城市，都喜欢玩滑板，是朋友，但各自又有着不同的家庭环境和生活压力。

在美国，不少城市住房曾经被非常明显地进行了种族区域的划分，如白人区、黑人区以及其他的种族区。这种住房种族区域划分形式对黑人产生了一定程度的消极影响。究其原因，在美国，无论是教育环境、服务设施，还是就业投资、邻里关系等方面，都跟居住环境有着密切的关系。虽然导演没有刻意去说明这些，但是从纪录片《滑板少年》中所展示的各自家庭环境的段落，还是看得出差别：黑人男孩基尔的房间又小又乱，他的家人都住在一起，原本就不大的家显得更加拥挤；白人男孩扎克的家就大得多，他邀请朋友们在他家的后院开派对，还有游泳池；亚裔男孩刘冰的家不大，而且看上去比较老旧。

提高自身的文化素质是进入主流社会并接受良好教育的重要前提。由于城乡经济发展不平衡，导致城乡学校的教育经费、师资力量、教学质量都有差异。在美国，低收入的黑人和其他种族学生主要在中心城市的公立学校就读，或者中学毕业后就选择参加工作，而中产阶级的白人孩子则主要就读于私立学校，而且争取获得更高的学历。黑人男孩基尔在片中说自己快18岁了，需要找工作赚钱，但看得出来他对自己的未来很迷茫，或者说他并没有什么人生理想或者职业规划，只是因为他所处的环境如此，他成人了，需要独立谋生。而亚裔男孩刘冰，他有着中国人身上常见的那种内向和隐忍，从小跟着母亲到美国，身处异乡学习和生活，考上大学，积极面对生活。

他们都是某一类人群的一个缩影，我们总能从他们身上照见自己，产生共情。

（二）制造戏剧性

接下来，影片抛出了矛盾冲突——他们所面临的生活困境。首先，扎克的女朋友妮娜怀孕了，扎克需要努力工作，赚钱养家。这一部分有两个镜头运用得十分巧妙。前一个镜头还是晚上和朋友们一起在屋顶上嬉笑着看烟花，下一个镜头则是同机位拍摄的异常安静的白天房子的空镜头，随着一声婴儿的啼哭，镜头进入了扎克家，我们看到扎克刚出生不久的孩子。他们两人合作，学着照顾孩子，他们也因此进入了另一种生命阶段。扎克信誓旦旦地说："将尽可能地帮助孩子成功，让他快乐，成为一个好人。”看上去孩子的降生改变了他。

然后是关于基尔的段落，马上要18岁的他认为自己需要找一份工作，但又觉得自己的童年经历很糟糕，对未来有些迷茫。一段基尔母亲的采访，让我们了解到基尔从小承受了很多压力，他的父亲对他要求严厉，通过基尔的讲述，可以理解为他从小遭受父亲的家暴。通过早些年的DV拍摄录像素材，我们看到小时候的基尔在外面被人欺负，虽然他也反击，但只是拿人家的滑板出气，自己还是会恼羞成怒。

最后是关于刘冰的段落，通过滑板店老板的口述，我们得知别人眼中的刘冰“很内向”，“一开始我就知道，滑板对你来说，不只是为了酷和交朋友，也是一种逃离的方式”，讲述中穿插着少年时期的刘冰摆弄着DV自拍和他玩滑板的录像镜头。

在这之后，是一段节奏轻快、镜头流畅的他们玩滑板的段落，给人一种疏解压力、放飞自我的感觉。对他们来说，玩滑板的确是一种解压和逃离的方式，但不是解药，生活还是要继续。生活在这个失业率高、工作机会少的城市，他们工作赚钱越发显得不容易。

三个人面临的困境交替着展现、展开和深入。扎克和妮娜开始为抚养孩子的问题发生争执，甚至大打出手，恶语相对，以至于分居，扎克去别的城市跟新的女朋友开始新的生活，闹上法院……基尔开始了第一份工作——在一个餐厅的后厨刷盘子、倒垃圾，回忆起自己跟父亲说的最后一句话是“我恨你”，因为那次他被父亲打得很惨……刘冰家里，跟随他同母异父的弟弟肯特的脚步，我们来到了他们父亲的“宝藏”衣柜（因为里面藏着他们小时候被没收的玩具，还有父亲的A片和武器等）和他的卧室（也是他的哥哥刘冰以前的卧室），关于这个卧室，肯特回忆道，小时候经常听到房间里传出刘冰被打痛苦哀号的声音，这让他很害怕，感觉恐怖……

刘冰，作为这部纪录片的导演和摄影师，他不仅采用了第一人称的叙述，甚至成为影片中的核心角色之一。就影片创作者、被拍摄对象和观众之间的关系来说，这不同于传统的第三人称的“它讲他们的故事给我们听”，也不同于此前第一人称的“我讲他们的故事给你听”，而是变成了“我讲我（们）的故事给你听”。长大后，他作为电影人回到家乡，记录自己与好友十年来的变化，也完成了一次向过去的告别。

二、叙事结构

在《活动影像的治疗——自我治疗纪录片》一文中，阿瑟对自我治疗纪录片进行了全面的阐述。他说，片中导演着力刻画的一般是创伤性的事件、家庭的秘密或者未解决的情感伤害等，因而影片经常要追溯到导演的童年或者青春期，通过摄像机与父母亲或者其他家庭成员进行访谈，来对此进行探究。

在这部纪录片的中间部分，第45分钟左右，开着车的刘冰开始讲述自己的故事。这是他作为被拍摄对象的第一次正式出场。从他的自述得知，他在八九岁的时候跟着母亲搬到罗克福德这个地方，在这里母亲遇到了他的继父，他们开始了新的生活。与这些话相对应出现的画面是刘冰开着车来到了母亲的家，儿时的刘冰和妈妈的合影，还有母亲再婚后一家四口的合影。这两张照片在技术上做了抠像和运动处理，让老照片显得更富动感。随后出现的是在家里的镜头，他采访母亲的拍摄现场。这是本片中唯一一次的双机位拍摄，一个机位是作为摄影师和采访者的刘冰拍摄母亲，另一个机位是在拍摄现场的刘冰被拍摄。随着他和他母亲的正式出场，影片也进入了更深一层的阶段。

这是刘冰第一次跟母亲谈论继父，他说自己第一次跟继父独处的时候遭到家暴，因为当时母亲忙于工作，而继父退休在家，总是他俩在家相处。此时的母亲很无助，也很痛苦。刘冰继续追问，母亲是什么时候开始被家暴的。母亲回答（她被家暴）有一次她甚至报警了，但最终没有让警察把他带走。因为在她眼里，他有两种人格，时好时坏。她的父母以前也总是吵架，虽然她自己畏惧婚姻，但随着年龄的增长，她渴望有自己的孩子，想结婚，不想孤独终老。说罢，俩人长久的沉默。

刘冰的母亲不善言辞，在刘冰5岁的时候，她带他离开中国来到美国，最后落脚于罗克福德。她的再婚对象令刘冰饱尝家暴之苦，为此她心怀内疚，因此也希望通过参与纪录片拍摄这种形式，得到儿子的谅解。以纪录片的方式来跟母亲对话，也是导演刘冰试图治愈自己内心创伤的一种努力。

这是全片最正式，也是话题最沉重的采访段落。安排在这个时候出现，有一种承上启下的效果，也为后面深入探讨他们三人各自的父亲问题和他们之间的问题做了铺垫。

扎克投资的室内滑板场黄了，他的合租屋也被断了电，屋内一片狼藉，而他不管妻儿，跑去新女友生活的城市开始了新生活。基尔对他的行为表示无法理解，更不愿意相信扎克会家暴。随着年龄的增长，基尔愈发眷恋家人。对他来说，家人总会在那里，而朋友却来来去去。父亲节当天，基尔在网上发了一段关于父亲的文字，并去墓地寻找父亲的墓碑。从他找不着父亲墓碑时的愧疚彷徨，到最终找到时的喜极而泣，看得出来他对父亲的感情是复杂的。

与这个段落交叉剪辑的还有另外两个段落，分别是扎克跟刘冰谈论他对婚姻的看法和对自己的失望，以及刘冰和母亲关于继父的对谈。

这三个段落交织在一起，像海浪一般不断地扑面而来，让观众感同身受他们内心的那种压迫和绝望，同时，也把影片的情绪推到了顶点。当我们感觉被这压抑的情绪压得喘不过气的时候，紧接着后面是一段他们玩滑板的镜头。导演通过这种剪辑方式，确实让我们深切体会了他们内心的痛苦，和滑板带来宣泄之后的那种畅快淋漓。

刘冰他们生活的罗克福德市人口不到20万，却被评为全美国第二危险的城市，犯罪率居高不下。据罗克福德警局提交的2015年最终犯罪数据统计，这里接近四分之一的犯罪是由于家庭暴力所致。刘冰、基尔、扎克就生活在这个城市中，三人经历非常相似，在他们的成长过程中，都不同程度地遭受了家庭暴力的影响，各自的种族以及罗克福德不景气的经济，也使得他们常常显示出脆弱和抑郁的一面。他们三个年轻人为逃离动荡的家庭而团结在一起，通过滑板寻求宣泄和安慰，导演对自己内心深处情感创伤的追问构成了整部影片的叙事动力和结构依据。

三、视听运用

20世纪90年代后期，随着科技发展，摄影机技术升级，体积更小、可单手操作的DV摄像机广泛运用，越来越多的人开始自己拍摄家庭录像或感兴趣的人和事，加上价格低廉的非线性剪辑软件的普及，也让越来越多的人开始自己制作影片。中国的独立纪录片导演杨荔钠2001年拍摄的《家庭录像带》就是完全用DV拍摄完成的，她的这部作品被视为中国最典型的心理治疗纪录片之一。

影片的心理治疗功能近年来已为心理学研究所关注。心理学家伊曼纽尔·波曼（Emanuel Berman）在2001年曾指出，摄影机和同步录音机的介入使得机器与被拍摄对象之间建立起一种类似心理治疗的关系，摄影机与被拍摄对象之间的互动会唤起一般在心理治疗中才会出现的"传递和反传递（Transference and Counter-transference）、治疗同盟（Therapeutic Alliance）、抗拒（Resistance）"等现象。

从影片中多次出现的那些用DV拍摄的他们少年时期玩滑板的影像，能感受到导演也是踩着滑板跟着被拍摄对象运动，才能拍到那么多流畅精彩的镜头，这些段落在影片中总是起到调节节奏、舒缓情绪的作用。中国著名纪录片导演吴文光曾把DV比作"随身的器官"，他的本意是拍摄和自己相关的私人影像，要把自己"变成内部的人"，其实就是自我。他的这种说法，在《滑板少年》这部纪录片中多次得到印证。

片尾部分，在一段轻快的音乐之下，导演把几位主要人物进行了一个总结式展示。首先，是一组扎克不同时期的DV录像的快剪镜头，紧接着是现在的扎克，他剃成圆寸发型，扛着梯子要去干活；其次，是关于刘冰的一组DV录像的快剪镜头——戴着牙套的他对着镜头搞怪，不同状态下的自拍，和现在的他跟母亲一起在餐厅边聊边吃东西，再次，是关于基尔的一组快剪镜头——从孩童时期的影像到少年时期，再到成年的他，现在的他终于做出了一个决定——离开这里，搬去丹佛工作和生活，他收拾好行李，跟家人道别，开着车，独自离开……

影片到这里并没有结束，随着基尔的汽车远去，响起鼓点和一段更有节奏的音乐。在几个玩滑板的镜头之后，这几位主要人物再次轮番登场，而且每一个人都伴有一两句简短的字幕介绍他们的近况。先是妮娜，她看上去成熟了一些，扎克抱着孩子回来道别，他们的孩子长大了几岁，虽然看上去他们并没有复合，但各自的状态还不错，画面上出现了两行字——她和孩子有自己的公寓，她正努力成为一名高中辅导老师；扎克跟女友萨米在家里的沙发上躺着有说有笑，字幕显示"扎克升职成了屋顶工的领班，他和萨米住在一起，继续支付孩子的抚养费"；现在的基尔看上去也成熟了几分，字幕说基尔在丹佛找了一份工作，他还受到两家滑板店的资助；而刘冰，“他的母亲再婚了，刘冰和肯特陪她走向新郎”，紧接着是婚礼现场的画面。当然，他们还是曾经的滑板少年，现在的他们也时常玩滑板，在大街上、在车库里……滑板永远是他们放松自我、宣泄情绪的方式。

虽然刘冰是非电影专业出身，而且这是他的第一部纪录长片，但因为他善于学习，从专门的关于滑板运动的网站上自学了许多拍摄技巧，并积累了多年的拍摄滑板运动的经验，而且他喜欢读书，从文学中学到了结构的能力，这都对他的纪录片创作起到了非常重要的作用。

在一段关于刘冰的报道中，他说，成年之后，我长时间地为家庭的冲突与矛盾感到困扰。很多事情记住了，很多也已经忘却。当我偶然翻看过去的家庭录像的时候，那些早已经被我遗忘的画面竟打开了我记忆的闸门。这些画面被用到影片中，就成了一种影像治疗，甚至成为治愈某些童年创伤的一剂良方。

在影片结束的时刻，导演似乎化解了自己的痛苦，平复了长久以来的创伤。

四、此类纪录片的价值和意义

影片的最后，导演刘冰说出了他拍这部影片的初衷：我需要向前，而不是活在过去。刘冰问他的朋友们：“从这部纪录片中得到了什么？”

扎克：“挣扎地活着，我不想让我的孩子像我一样，所以我逃离这一切。”

基尔：“像一次免费的疗程，得到了治愈。”

妮娜：“我一直都是别人的女儿、妈妈、女朋友，从没有机会弄清自己是谁。”

对导演而言，他的很多决定都是基于宣泄自己、疏导自己的需求而做出的，但最大的收获在于拍摄过程中涉及的他的经历、影片中每个人的经历以及发生在家庭内部的伤害和暴力。要接受并承认自己身上真发生了这一件件的事，需要巨大的勇气，尤其是还没机会弄明白它却要和别人谈论它而年龄又越来越大的情况下。

“纪录片之父”格里尔逊曾说：“没有实验，纪录片便失掉它的价值；

没有实验，纪录片便不存在。"确是至理名言。所谓实验，所谓先锋，只是一种性状，只属于特定的语境，而不是影片的一种本质。随着时代、语境的变化，曾经的先锋会变成传统，而曾经的传统经历了百转千回，还可能换一部面孔，成为先锋。

作为近些年出现的纪录片类型，"自我治疗纪录片"越来越受到关注，不论是在纪录片界还是在心理学界。纪录片创作从来都是开阔的、跨学科的，只有这样，纪录片创作的道路才会越来越宽广。

参考文献

1. 保罗·亚瑟：《影像的救赎：自我治疗纪录片》，孙红云、汪亦红译，《世界电影》2013年第5期。
2. 王迟、权英卓：《影像的救赎——论自我治疗纪录片》，《北京电影学院学报》2009年第5期。
3. 王迟：《实验的，也是纪录的》，《南方电视学刊》2014年第5期。
4. 孙红云：《公开的隐私：第一人称纪录片》，《电影艺术》2010年第6期。
5. 保罗·阿瑟：《活动影像疗法：自我治疗纪录片心理分析评论》，2007年第6期。
6. 比尔·尼科尔斯：《纪录片导论》，中国电影出版社，2007年，第13-19页。

我国影视剧字幕组著作权侵权问题探析

高冠群 于潇榕*

近年来，随着互联网信息技术的迅速发展，越来越多的境外影视剧作品通过各种途径被传输到国内，由于语言障碍，很多国内观众无法直接观赏境外原声节目，影视剧字幕组便应运而生。随着国内影视剧字幕组的社会影响力越来越大，也因各类侵权纠纷而饱受争议。

一、影视剧字幕组概述

（一）影视剧字幕组的含义

影视剧字幕组指对境外影视剧作品进行翻译、加工并配上本国语言的字幕的影视爱好者团体。影视剧字幕组成员多数基于个人爱好，无偿付出自己的时间和精力，将翻译好的境外影视剧字幕通过互联网进行分享传播。字幕组本质上属于民间非营利组织。

（二）国内影视剧字幕组的起源与发展

由于境外影视剧的引入受到我国有关部门配额数量、政策导向、手续审批等诸多因素的限制，使很多境外优秀影视剧不能及时在国内通过正常途径播出。但另一方面，很多美剧、日剧、韩剧、泰剧等境外影视剧在国内拥有广泛的粉丝受众群体。境外影视剧的供给和需求之间存在很大缺口，爱好者为了获取境外影视剧的片源而采取了各种手段，但即便获得这些片源之后还得面临语言阻碍。于是，国内影视剧字幕组应运而生。随着近些年来网络技术的跨越式发展，国内的影视剧字幕组可以通过互联网及时获

* 高冠群，北京电影学院现代创意媒体学院传媒管理系讲师；于潇榕，青岛市市南区疾控中心科员。

取大量境外影视剧作品，并第一时间进行翻译分享给公众。

字幕组起源于2001年至2002年，互联网上出现了关于美剧《老友记》的论坛，衍生出《老友记》字幕组。该阶段的影视剧字幕组还处于探索阶段，字幕组数量少，翻译作品质量参差不齐。2003年至2009年，国内的影视剧字幕组发展迅猛，很多影视剧字幕组进行分工合作逐步细化，该阶段的翻译作品无论是数量还是质量都有了较大的提升。2009年至今，影视剧字幕组步入了成熟期，针对美国、日本、韩国、泰国等不同国家影视剧的字幕组相继成立，且个性鲜明，目前较知名的影视剧字幕组有人人影视、悠悠鸟、圣域、飞鸟影苑等。

二、国内影视剧字幕组著作权侵权现状分析

（一）片源取得存在的不正当性问题

影视剧字幕组主要通过以下三种方式取得境外影视作品片源：第一，未经许可对境外影视剧进行盗录，这种方式主要针对电影，因为新电影在国内外上映通常存在时间差，这些电影在国外上映之时就有人专门到影院通过手机或小型摄像机进行盗录，经加工后再传到网上，这就是人们通常所说的“枪版”[①]电影，这种获取片源的方式无疑是侵权行为。第二，通过专业的互联网破解手段，直接从外网或者境外影视剧官方网站获取初始片源，该方式同样未取得著作权人的同意。第三，等到境外影视剧的官方DVD在国内正式发行后，影视剧字幕组对该DVD进行转码刻录并上传到网上，该方式与市面上的盗版商刻录盗版碟颇为相似，但前者将片源分享至网上，而后者则将盗版碟片在市面上售卖。

（二）字幕传播产生的侵权与被侵权问题

互联网作为一个开放领域，信息的传播具有实时共享性，影视剧字幕组大都也以共享、交流为初衷，但字幕组的翻译行为即便是出于兴趣爱好而未从中获利，客观上仍使影视剧著作权原始权利人在中国市场的

---

① “枪版”指未经许可，在影视作品初次播放过程中进行录制、拍摄后上传到网络的资源，相比于正式资源，画面、声效质量都较差。

份额受到影响，造成了实际意义上的损失，因此，影视剧字幕组的字幕传播行为构成对著作权人权利的侵犯。2014年，由于美国电影协会的投诉，国内曾经最大的影视剧字幕网站“射手网”被国家版权部门调查并因此关闭。影视剧字幕组给公众提供了便利的同时，还是无法掩盖自身的侵权属性。

此外，影视剧字幕组的字幕传播行为在侵犯他人权利的同时，也面临着自己的智力成果被侵权的问题。当字幕组将翻译好的字幕上传到网络后，很多视频分享网站和盗版运营商未经许可便将这些字幕占为己有，直接用在自己的视频分享网站上或进行盗版刻录。但由于字幕组缺乏大众认同的灰色身份，维权对他们来讲显得格外困难，成了没有话语权的弱势群体。

三、国内影视剧字幕组著作权侵权行为判定

（一）国内影视剧字幕组行为的法律定性

《著作权法》第十条第十五款规定：“翻译权，即将作品从一种语言文字转换成另一种语言文字的权利。”在我国，著作权人拥有翻译权，未经其许可，任何人都不能将其作品通过其他语言文字再次呈现。1992年，我国加入了《保护文学和艺术作品伯尔尼公约》[①]，根据该公约的国民待遇原则，公约成员国的影视剧作品均得到我国《著作权法》同等条件的保护。因此，我国影视剧字幕组在未取得境外影视剧作品著作权人同意的情况下进行字幕翻译的行为，侵犯了境外影视剧作品著作权人的翻译权。

《著作权法》第十条第十二款规定：“信息网络传播权，即以有线或者无线方式向公众提供作品，使公众可以在其个人选定的时间和地点获得作品的权利。”在我国，著作权人拥有信息网络传播权。影视剧字幕组将自己翻译制作的字幕上传至互联网视频分享网站或者各种BBS论坛供公众进行下载，这种行为无疑侵犯了著作权人的信息网络传播权。

---

① 《保护文学和艺术作品伯尔尼公约》：简称伯尔尼公约，是关于著作权保护的国际条约，1886年9月9日制定于瑞士伯尔尼。

（二）影视剧字幕组行为是否属于合理使用

很多影视剧字幕组为了避免法律纠纷，在影视剧作品的开头部分通常会标出“本字幕只供学习交流使用，请勿用于任何商业用途，下载后请于24小时内自觉删除”。该标注能否起到免责的效果？需要追寻其背后是否存在相应的法理依据。

我国《著作权法》第二十二条释文：为个人学习、研究或者欣赏，使用他人已经发表的作品，可以不经著作权人许可，不向其支付报酬，但应指明作者姓名、作品名称。因此，影视剧字幕组行为是否是出于个人学习、研究或欣赏，成为判断该行为是否符合合理使用制度的关键。从形式上看，影视剧字幕组主要基于个人兴趣爱好而非出于盈利目的而实施了一系列行为，但字幕组将翻译好的字幕上传网络后，基于互联网面向大众实时传播的特性，任何人只要登录相关网站就能通过各种下载工具进行下载，此时字幕组便失去了对字幕传播范围的控制力。

合理使用制度要求个人学习、研究或者欣赏，而影视剧字幕组的传播行为面向的是不特定的人，因此不符合合理使用的要件，不能因此而免责。

四、国内影视剧字幕组著作权侵权问题解决对策

（一）建立统一的影视剧字幕著作权协会

为了保护词、曲作者及其他音乐著作权人的合法权益，国家版权局联合中国音乐家协会成立了中国音乐著作权协会，该协会为音乐著作权人、音乐使用者提供各类法律服务，维护了音乐行业的稳定，促进了音乐产业的健康发展。

以此为例，影视剧字幕行业应整合各项资源，与国家版权局联合成立统一的影视剧字幕著作权协会。该协会可以统一向境外影视剧著作权人获取授权，与政府版权部门沟通并协调协会内、外部的法律纠纷。在运营模式上，可以进行以下操作：第一，由国家版权局出面协调国内各影视剧字幕组加入影视剧字幕著作权协会事宜，协会通过制定规章制度进行统一管理；第二，由协会出面取得境外影视剧作品著作权官方授权并建立境外影视剧著作权授权库。此时各字幕组会员再根据自己的语言优

势、兴趣爱好以较低的成本采购协会影视剧著作权授权库内的境外影视剧进行字幕翻译；第三，协会建立统一的字幕分享网站，所有字幕组会员翻译制作的字幕只能在该网站进行上传，以方便协会的统一管理；第四，对网络用户在字幕下载时进行收费管理，该费用按照固定分成比例用在协会和各字幕组会员的运营上；第五，当发生第三方侵权行为时，影视剧字幕著作权协会可以及时与政府版权部门进行沟通处理，并以协会名义进行统一维权行为，保护各字幕组会员的智力成果。

（二）与有授权的视频分享网站合作

2019年4月15日，由腾讯视频独家引进的《权力的游戏》第八季如期开播并创造了新的收视率，至4月16日，腾讯视频平台上的《权力的游戏》第八季首集播放量就达到了5500.6万次。

以腾讯视频、爱奇艺、优酷、搜狐视频为代表的国内视频分享网站近年来与境外知名影视公司合作，引进了一大批优秀的境外影视剧，如搜狐视频引进的《绝命毒师》《尼基塔》《生活大爆炸》，腾讯视频引进的《西部世界》，优酷引进的《神盾局特工》《穹顶之下》和爱奇艺引进的《怪奇物语》《黑镜》《心理神探》等。如果影视剧字幕组此时与有版权的视频网站合作，可谓双赢。对视频网站而言，与字幕组合作不仅能够减少翻译支出，也可以利用影视剧字幕组多年的经验保证字幕翻译的质量，提高剧集的收视率。对于影视剧字幕组而言，与视频网站合作能够获取合法授权并解决资金匮乏的问题，有效保障了字幕组的正常运转。

结　语

影视剧字幕组的字幕翻译大多是基于个人兴趣爱好的无偿行为，对国外影视剧在国内的传播起到了不可忽视的推动作用。然而，自国内的影视剧字幕组成立伊始，便面临着片源取得存在不正当性、字幕传播引发侵权与被侵权等一系列问题，字幕组的发展一直处于灰色地带。在网络高度发展的新时代，影视剧字幕组如何走出侵权阴影，除了自身努力之外，还可以通过建立统一的影视剧字幕著作权协会、与有授权的视频网站合作等方式，维护行业的持续健康发展。

参考文献

1. 娄禹轩：《影视剧字幕组侵权问题探讨》，《今传媒》2015年第12期。

2. 张书乐：《字幕组的灰色江湖》，《法人》2013年第12期。

3. 燕道成、陈曦：《从美剧字幕组看我国网络字幕组的发展困境和趋势》，《传媒观察》2016年第8期。

4. 王彤、陈一：《跨文化传播下的字幕组：在看似侵权与违法的背后》，《传媒观察》2014年第4期。

5. 李明德、许起：《著作权法》，法律出版社，2003年。

6. 龚琳：《影视字幕组著作权性质分析及合理使用制度的适用》，《三明学院学报》2011年第4期。

7. 薛文广：《外文影视字幕翻译组侵权问题研究》，《网络法律评论》2011年第1期。

8. 吴汉东：《知识产权法学》，北京大学出版社，2000年。

9. 郑成思：《知识产权论》，社会科学文献出版社，2007年。

10.《权力的游戏8》今日开播：首集播放量近6000万，"铁王座"鹿死谁手？，http://www.sohu.com/a/308134665_549401，2019年4月15日。

网生纪录片对中国传统文化传播的意义

李璐瑶*

文化人类学家露丝·本尼迪克特在《文化模式》一书中这样形容“文化”:“开始,上帝就给了每个民族一只陶杯,在这杯中,人们饮入了他们的生活”。正是由于文化是特定民族、国家“独有的陶杯”,因此,对传统文化的坚守一直是国家和民族重视的议题。综观媒介发展史,从报纸、广播到电视,每一种新的传播技术和手段的出现都为文化传播提供了延展的空间。

如今,在新的技术体系支撑下,网络、手机等成为传统文化的新一轮传播工具。它们在为大众提供个性化信息的同时,消解了传统媒体之间、国家之间、信息传送者和接收者之间的边界,也给文化传播带来了新的困境和格局,其中网生纪录片作为新媒体与传统纪录片融合的产物,对于加强文化自信、提升民族文化认同等具有重要意义。

一、传统文化通过网生纪录片形式输出的兴起

网生纪录片是由网络平台联合或独立制作,以生活中的真实案例为素材,采用新媒体技术对其进行艺术加工,在互联网各类终端上宣传与展示,引发人们思考的影视艺术形式。近些年知名的网生纪录片有《人生一串》《了不起的匠人》《我在故宫修文物》《佳节》等,它们从开播就迅速引爆流量,引发众多人的关注,不仅传播了丰富的文化知识,还用新颖的传播方式创造了高播放量,产生了巨大的文化与商业价值。

网生纪录片在内容创作上坚持以人为本,摒弃了传统纪录片在取材

* 李璐瑶,北京电影学院现代创意媒体学院电影产业研究所副研究员,主要研究方向:影视新媒体。

方面的缺点，以人民群众为中心，以大众文化为主题。例如《风味人间》《人生一串》，是对中国大众饮食文化的记录，淋漓尽致地展现了食物中的人情味，十分巧妙地平衡了美食和情感之间的联系，满足了受众的情感需求。

在用户定位上，网生纪录片主打轻龄化，互联网语境下，网络青年用户的需求发生了巨大转变，年青一代拥有主动学习的意识，更愿意接受新鲜知识，更注重对自身文化教育的投资，更愿意为具备高水平、高附加值的文化商品埋单。在传播形式上，网生纪录片注重互动，助力中国文化“走出去”，如《了不起的匠人》通过“中华之美海外传播工程”进行国际传播，让中国故事走向世界；《佳节》在腾讯视频上线，国家地理海外同步播出。

二、网生纪录片对传统文化输出的重要意义

中国拥有悠久的历史和丰富的传统文化，随着中国经济的快速发展，政府越来越重视扩大对外传播、提高文化自信。网生纪录片如《佳节》《了不起的匠人》《我在故宫修文物》等将镜头聚焦中国传统文化在现代社会的传承和发展，以深入人心的方式讲述中国故事，在传递主流价值观的同时强化民族认同。

（一）内容上传承优秀民族文化

2019年，全国居民恩格尔系数为28.2%，比上年下降0.2个百分点，其中城镇为27.6%，农村为30.0%，接近发达国家水平。这意味着中国居民的文化消费需求进一步扩大和多元化。

一些优秀的网生纪录片以中国符号讲述中国故事，通过出色的内容来吸引粉丝、引起共鸣，将中国传统文化以创意创新的方式推向世界。例如，《我在故宫修文物》背后是传统的匠人精神和格物致知的传统文化，《佳节》背后是不同地域的传统节日和共同情怀，《风味人间》《人生一串》背后是中国大众饮食文化的人情味。

《我在故宫修文物》以故宫为选题进行拍摄，故宫作为我国传统文化的标志性建筑，对当代的年轻受众来说仍然是一个十分具有吸引力的

IP。故宫中拥有一百多万件文物，占全国文物的六分之一，但其中有些珍贵文物已经面目全非。文物修复需要人慢慢打磨，修复文物必须拥有安静平和的心态，慢工出细活，认真雕琢，一位文物修复师终其一生也修复不了几件文物，所以，这种精于技艺的精神也就是“工匠精神”。

（二）价值上打造文化自信氛围

科技发展改变了文化传播的方式。新媒体时代，信息传播为了追求高点击率和话题热度，内容及形式均表现出明显的娱乐化倾向，这在一定程度上影响了传统文化的传承和发展。作为人类文明史上的宝贵遗产，传统文化一方面必须保持严肃的教育指导意义，另一方面要考虑受众的参与热情和认知习惯。因此，创新传统文化的传播方式，兼顾价值性和可看性，才能更好地传播正能量文化。网生纪录片结合了优秀传统文化与当下的价值观，满足了受众对高品质、正能量精神文明的需求，有利于打造文化自信的氛围。

以《人生一串》为例，本片通过30个城市500多个烧烤摊，将人的情感体现得淋漓尽致，串起来的不仅是烤串，还有平凡热辣的人生。《人生一串》在哔哩哔哩视频网上播出时，满屏都是“多谢款待”的弹幕，吸引观众的是它的“野生味”，比如有浓浓烟火气的文案：“甭管天南海北，重口味是宵夜的统一气质”“东北人幽默，但对蚕蛹来说，一生都要被他们烤，一点儿也不幽默。在吉林辽源，每个饥饿难耐的夜晚都是蚕蛹的天敌。一旦被运进了烧烤店就等不到破蛹的那一天了”。这些文案着眼“小人物、大情怀、正能量”，与街头烧烤摊的气质吻合。

《如果国宝会说话》将国宝拟人化，叙事上以国宝为第一人称，既增添了内容的趣味性，又拉近了观众与国宝之间的距离，使纪录片传播优质文化的效果得到进一步提升。

《故宫100》的单集时长仅为六分钟，打破了以往固定的单集时长，符合新时代下碎片化的知识信息处理与接受习惯，但在短时间内却能精准描述故宫单个空间的故事，记录文物影像。

（三）传播上助力对外文化交流

互联网平台不断拓展对外传播渠道，积极推动文化“走出去”，与官方媒体形成矩阵，讲好中国故事，传播好中国声音。2018年，优酷与中央电视台、中国教育电视台等国家级电视机构共同获得了“优秀纪录片播出机构”荣誉，这也是该奖项历史上首次颁发给互联网平台。

2016年，优酷推出《了不起的匠人》第一季，弘扬工匠精神，推崇“时尚与传统”“观赏与实用”的理念，荣获2016年金熊猫国际纪录片节“新媒体纪录片奖”，目前已推出四季。在第四季中，以“手艺新番，少年归来”为主题，展示了剪纸、国画、面塑等12种传统工艺。

在人物塑造上，《我在故宫修文物》通过小人物的故事，诉诸“人类命运共同体”的情感共鸣，通过人物性格和动作细节塑造了一个个生动形象的文物修复专家，运用第一人称视角展现了在故宫修复文物的日常。收藏在故宫里的文物具有很高的价值，修复这些文物的人必须具备很高的专业素养和惊人的耐心。这些人似乎离我们很遥远，然而在纪录片中，我们却发现他们和我们一样也都是普通人，每天骑自行车上下班，会在文物修复的空隙忙里偷闲，为了吸口烟骑半个小时自行车到宫门外。一个个鲜活的文物修复专家就这样呈现在我们的眼前，而神秘的故宫也在这时充满了人情味。

三、网生纪录片的传播特性与中国文化“走出去”

（一）以年轻人为传播对象，加大创新力度

新媒体语境下，年轻人成了网生纪录片的主流受众，网生纪录片呈现明显的轻龄化特征。轻龄化的原因主要有三点：第一，随着国内义务教育和高等教育的不断普及与发展，年青一代的平均文化水平早已今非昔比，许多年轻观众拥有主动学习的意识，比以往更愿意接受新鲜知识；第二，现代年轻观众是所谓的“千禧一代”，成长时期正值互联网高速发展，他们对于网络技术的依赖远远高于高年龄段的观众；第三，物质条件的改善与消费观念的转变，使年轻观众更注重对自身文化教育的投资，更愿意为具备高水平、高附加值的文化商品埋单，如高品质的网生纪录片。

（二）以全球传播为视野，提高文化传播质量

以全球传播为视野，讲好中国故事。近年来，中国经济实力的提升毋庸置疑，然而软实力的提升还需加速，对外传播还需加强。在过去的国家形象宣传中，存在“只见国家、不见个人”的误读，世界是平的，互联网时代人人皆可创作，人人都有发声筒，打破了高高在上的“上帝视角”。

网生纪录片着眼“小人物、大情怀、正能量”，通过鲜活的真实存在的人物、人性和人情，减少“文化折扣”。中国在全球互联网格局中已经具有了话语权，为文化输出提供了土壤。2019年，中国传统节日文化纪录片《佳节》参加“亚洲影视周”亚洲优秀电视节目展映，从全球视野讲述中国故事，让全球用户关注中国节日。

（三）以民间交流为切口，提升文化交流参与度

新媒体时代，内容生产主体多元，UGC、PGC、PUGC集聚一堂，对传统媒体生产信息进行了补充，弥补了官方倾向性、政治性过强等不足，延伸了其无法到达的知识触角，为讲好中国故事提供力量。

结合网生纪录片的强互动性，可以利用社交平台提高文化交流参与度。《我在故宫修文物》在央视播出一个月后，分别在哔哩哔哩和爱奇艺两大视频网站上线，很快就收获了上百万的点击量。许多用户在弹幕中对其内容进行讨论，弹幕数量一度高达6万多条，浓厚的社交氛围让这部纪录片得到更进一步的传播，大量用户成为它的“自来水”，自发向其他用户推荐。

综上所述，网生纪录片肩负着讲好中国故事、传承传统文化的重任，是中国文化“走出去”的一种创新。在这个加速变化的时代，希望网生纪录片继续创新，走出国门，传播中国文化，让外界更好地认识中国。

参考文献

1. 露丝·本尼迪克特：《文化模式》，社会科学文献出版社，王炜译，2009年。

《绿皮书》中的三个代表性音乐名词

许　诺*

音乐元素在影片《绿皮书》中具有异常重要的作用，这不仅体现在男主角之一钢琴家唐博士在影片中的多场音乐会演奏，或是在影片绝大多数片段转场时运用的有源或无源的爵士风格音乐，还更多体现在两位主角在日常谈话交流中涉及的与音乐相关的名词。

通过拉片分析不难看出，在诸多被提及的音乐名词中，有三个最具有代表性：《地狱中的奥菲欧》、斯坦威钢琴以及作曲家肖邦。这三个代表性的音乐名词对影片整体故事内容的叙事发展以及在此基础上孕育出更深层含义，起到了重要作用。

一、《地狱中的奥菲欧》——"剑拔弩张"时期

"南巡"初期，粗枝大叶的托尼看不惯唐博士的做作扭捏；同样，精致博学的唐博士也看不惯托尼的随便邋遢。磕磕绊绊的二人在此期间没有共同话题，只能通过乏味的闲聊来打发时光，而歌剧《地狱中的奥菲欧》就是在两人一起用餐时的闲聊中被提及的。

（一）关于奥菲欧

本部歌剧同西方众多歌剧作品一样，引用或借鉴了古希腊、古罗马神话故事，歌剧的主角是古希腊神话中被诠释最多的乐神——奥菲欧。奥菲欧之所以被称为乐神，是因为他的歌声异常优美，而且将里拉琴演奏得婉转动听，深受其父太阳神阿波罗的称赞。

* 许诺，北京电影学院现代创意媒体学院录音艺术与技术系音乐教研室主任，讲师。

希腊神话中对乐神奥菲欧提及最多的除了他高深的乐艺之外，还有他与妻子尤里狄茜的爱情故事。一次意外中，尤里狄茜不幸被毒蛇咬伤致死，奥菲欧为了挽回妻子的生命，到冥府用自己精湛的歌艺与琴技打动了冥王，冥王允许尤里狄茜跟随奥菲欧重回人间。但爱妻心切的奥菲欧，在还未走到人间入口前忍不住回首看妻子是否与他一同走回，结果触犯了冥王不允许奥菲欧回头的戒律，于是妻子尤里狄茜又一次失去了生命。

综观西方歌剧历史，先后有四部歌剧曾以他们二人作为主角进行创作，分别是：《尤里狄茜》——由佩里创作于1600年，是第一部保留了乐谱的歌剧；《奥菲欧》——由蒙特威尔第创作于1607年，是近代意义上第一部歌剧；《奥菲欧与尤里狄茜》——由格鲁克创作于1762年，是格鲁克歌剧改革的标志性作品；《地狱中的奥菲欧》——由奥芬巴赫创作于1858年，著名的轻歌剧代表作品，也是《绿皮书》这部影片中所提及的。

(二)关于轻歌剧《地狱中的奥菲欧》

轻歌剧在法国喜歌剧的基础上演变而来，其表现内容与题材更加注重深挖现实社会中具有讽刺意义的现象。所以，虽然奥芬巴赫选用了奥菲欧的爱情故事，但他并没有像其他作品一样，将这部神话爱情故事继续推进，而是进行了颠覆，抓住奥菲欧在即将走出冥府之际因对伴侣缺乏信心并最终导致爱妻尤里狄茜再次殒命这点，将一出爱情悲剧变为具有讽刺与荒诞寓意的喜剧。

(三)《地狱中的奥菲欧》在影片中的含义与作用

在上述对《地狱中的奥菲欧》这部歌剧的创作背景及内容的分析阐述之后，我们再来看影片中的场景：托尼想在二人进餐的过程中与唐博士的关系有进一步缓和，表达自己与妻子曾经聆听过唐博士演奏发行的唱片，但由于托尼缺乏对一些历史和文化的了解，将奥菲欧的名字——Orpheus错看成了孤儿——Orphans，进而误将地狱里的恶魔——demons，认成围圈坐在篝火边的小孩——kids。当唐博士一本正经地纠正完托尼的认知错误后，托尼立即给自己解围，笑称“那些小孩以前一定很淘气”。

在以往的影片中，温文尔雅、博学多才的角色通常是由白人演员扮演，而不拘小节、粗枝大叶的角色多数由黑人扮演，再加上这种对于名作的误读，带来了非常明显的戏剧性反差与冲击效果。这种铺陈发生在两位主角的南下巡演之旅刚刚开始时，既巧妙地凸显了两位主角的性格特点，又预示了接下来巡演之旅的跌宕起伏。

二、斯坦威钢琴——“求同存异”时期

在二人开启巡演之旅初期，唐博士布置给托尼的任务就是务必检查每场演出主办方所提供的演奏用琴是否为斯坦威钢琴，办事麻利的托尼也一直谨记这点，以确保唐博士的音乐会高质量地顺利完成。而当二人有了进一步的了解之时，作为音乐会“御用”的斯坦威钢琴，也“凑巧”地出现了问题。

（一）关于斯坦威

当我们在观看欣赏一些国际著名的比赛或是音乐节时，经常会注意到演出或比赛中的指定钢琴品牌就是影片《绿皮书》中唐博士叮嘱托尼每场演出前必须跟音乐厅负责人确定的演出钢琴品牌——斯坦威（Steinway）。

斯坦威的制琴工艺严格考究，从最初对于材料的挑选到运用物理学家亥姆霍兹（Helmholtz）研究出的声学理论，秉持着不仓促完成制琴任务的信条，保证每台斯坦威都拥有自己的性格。1872年，美籍波兰钢琴家阿图尔·鲁宾斯坦在美国做巡回演出，使用斯坦威钢琴作为每场音乐会的指定钢琴，所到之处均受到了众多乐迷及听众的敬仰与崇拜，最终将斯坦威钢琴推到了世界一流钢琴品牌的行列。从那时起，钢琴演奏家们能够在音乐会中演奏斯坦威钢琴就有了一种不同寻常的含义。

（二）斯坦威钢琴在影片中的含义与作用

影片中两位主演南下巡演之旅的故事发生于1962年，通过剧情交代，观众得知唐博士住在美国著名的国家级历史文化地标——卡内基音乐厅内，这足以体现唐博士的社会地位以及专业能力。所以，当他叮嘱托尼每场演出务必使用合同中规定的斯坦威钢琴时，就更加凸显了钢琴

家唐博士对于音乐会演奏水准的严谨态度。而托尼虽在平日与唐博士有诸多摩擦，但对于自己职责范围内的事情却毫无怠慢。当音乐会巡演进入印第安纳州时，因为音乐厅工作人员傲慢无礼的态度，用“黑鬼”和“意大利佬”来称呼唐博士与托尼，忍无可忍的托尼使用了“小小武力”，最终，工作人员在演出前运来斯坦威钢琴，使音乐会得以正常进行。

在围绕斯坦威钢琴使用这一段中，平日贫嘴油滑的托尼一反常态，在与出言不逊的工作人员沟通时，再三劝说忍让，但在工作人员用极其不尊重的词语称呼他和唐博士并一再表示出对唐博士举办音乐会的不屑态度时，最终爆发。在托尼看来，使用斯坦威钢琴不仅是他的雇主唐博士对他的吩咐指令，更多的是他想维护在艰难环境中仍然坚持南下演出的唐博士的意志和决心。

托尼维护唐博士的这段情节，也被唐博士的室内乐团的其他白人演奏家看在眼底。值得一提的是，在《绿皮书》这部影片中，不仅有白人和有色人种的对立，连白人之间其实也存在偏见。当两位白人演奏家亲眼见到托尼维护唐博士的名誉和权威的举动时，之前先入为主的偏见开始逐渐消失。这种偏见的消失是在告诉观众，所有的偏见都始于对彼此的不了解，当时间带领着大家经历过一些意想不到的事情之后，这些原本固执存在的偏见，也就随风而逝了。

三、作曲家肖邦——“患难见真情”时期

观众们一路跟随着两位主角，共同经历了各种坎坷，见证了二人面对阻挠时的退让隐忍、南部地区黑人农民的饥寒交迫，但同时我们也同影片中的主角一样，尝试以新的角度重新看待所谓的种族歧视。这种莫名其妙出现的歧视，不仅因为皮肤颜色的不同，也因为学识的不同、所受教养的不同甚至掌握权财的不同等而出现。

（一）肖邦在影片中的出现方式

关于肖邦这位以单一乐器创作而闻名世界的作曲家并不是本文的重点，这里着重论述的是肖邦这位作曲家在影片两位主角的谈话中以及之后所发生的事情中的寓意。

之所以二人能谈及肖邦，是因为此时南下巡演之旅已接近尾声，二人先后经历了托尼引导唐博士品尝此前他因各方因素拒绝食用的炸鸡、托尼前往酒吧解决被困的唐博士、唐博士帮助托尼润色他写给妻子的信、唐博士因担心托尼被他的白人兄弟“挖角”而表达想通过升职和加薪挽留托尼等一系列事件，二人的关系逐渐从开始的“剑拔弩张”转变成了如今的“惺惺相惜”。

当托尼想更进一步了解唐博士的“琴艺生涯”时，唐博士谈及最初在音乐学院学习时他主要弹奏的作品是作曲家勃拉姆斯、李斯特、贝多芬和肖邦所创作的古典音乐作品，但最终因为大众对于黑人演奏家的刻板印象，唐博士的唱片公司还是说服他从演奏古典音乐转为演奏流行爵士音乐。

（二）肖邦在影片中的含义与作用

这里要讨论影片中唐博士说的“鲁宾斯坦可不会把一杯威士忌放在钢琴上”这一句话的含义。或许有很多人在观影中不太明白这句台词的寓意是什么。众所周知，近现代美国本土的音乐其实是从流行音乐，具体说是从爵士音乐发展起来的，而最擅长演奏这种偏向即兴与炫技音乐风格的正是黑人演奏家们。爵士音乐的演奏场合以及音乐整体所传达的内容与氛围通常都是轻松愉悦的，所以经常有演奏家在表演时直接带着酒瓶酒杯上台，在表演的间隙随性地举杯小酌。但是，这种自由灵活的表演方式却被很多美国白人视为难登大雅之堂，成为对黑人演奏家以及爵士音乐的刻板印象。

但其实唐博士对这种刻板无理的现象始终无法认同，这在影片中体现在：当他被餐厅拒绝与其他白人一起用餐后，他和托尼来到了一家黑人聚集的酒吧，并被酒保簇拥上台要求演奏一曲。唐博士在酒吧小舞台上的钢琴入座后，瞥见钢琴一角放着的一杯威士忌，他毫不犹豫地把它放到了地上，随即弹奏起肖邦著名的《东风练习曲》。在原本气氛轻松融洽的爵士音乐酒吧演奏白人作曲家的严肃古典音乐作品，让整个酒吧的喧嚣即刻消失，当人们安安静静欣赏完“白人严肃音乐”后，全场报以热烈的掌声。所谓“音乐无国界”，表达的不仅是音乐在全世界范围内是互通的，而且包括演奏音乐的艺术家不应因为阶级、等级甚至人种的不同而被冠以偏见之名。

当故事发展到了这个阶段，观众们不难发现，二人看待对方的角度和立场都有了明显的转变。唐博士不再用怀疑和无奈的语气与托尼交流，所以当托尼又一次因为对专业知识的匮乏，将肖邦Chopin的名字错念成“Joe Pan”时，唐博士不再像二人关系“剑拔弩张”时期一板一眼地纠正他的错误，而是会心一笑用一句“并不是每个人都能演奏肖邦的作品”，既重复了肖邦的名字让托尼知道了其正确的读法，又以温馨诙谐的方式继续着与托尼小酌闲谈的时光。同样，一路同行相伴的托尼在唐博士多次遭遇不公待遇之时挺身相助、极力维护，唐博士为化解美国南部民众对黑人（黑人演奏家）的偏见，坚持铤“南”走险的举动使他对这位雇主充满了敬佩与自豪。二人在重重患难中遇见了真情，在彼此的相互信赖与依靠中，各自都成了更好的自己。

结　语

综上所述，影片通过两位主角的交流过程突出了三个与音乐相关的名词，将二人的相处方式与相互理解巧妙地分成了三个阶段，这种暗喻的手法让整部影片的设计更加巧妙、表述更流畅、寓意更深刻。

观众跟随着两位主角共同经历“一路向南”中的种种历练之后，也获得了一次摘掉以往对人事物所固有执念的有色眼镜、站在全新角度重新看待这一切的机会。影片最后以托尼妻子对唐博士轻声耳语的一句“谢谢你帮他写信”，让片中埋下的“代夫写信”的桥段有了一个温馨幽默的解答。相信观众们在结尾看到这一句，都会以嘴角上扬的轻松一笑迎来整部影片的结束。

从跨文化戏剧到彼得·布鲁克的戏剧“真理”

姜璐璐*

跨文化戏剧，简单来说，是指在一部戏剧作品中存在两种及以上的民族、区域和种族的文化，比如东西方混合、欧非洲结合，包括演员、道具、服装、音乐和语言的使用，都带有明显的不同地域文化特征，但当它们出现在同一个戏剧空间里，可以被来自不同文化的人欣赏。

在差异的碰撞之下，往往会呈现出新的形式和内容，并以此打破一些传统戏剧样式。跨文化戏剧满足了戏剧的多样性和不断变化的要求，如玛丽亚·谢弗索娃（Maria Shevstova）所说，如果戏剧艺术不适合在有差异的人群中呈现，不存在不同的文化、不同的创作意图和目标，那么它就不能被感动和受到喜欢。

然而，由于历史背景、经济水平和社会政治存在差异，如何消除不同文化间的屏障，如何在不同的价值观下评价作品的呈现程度和观众的接受度，都是一部跨文化戏剧需要解决的首要问题。跨文化戏剧是一项涵盖很多方面，经济、政治和信仰等各种因素在同一戏剧空间中出现的“大杂烩”艺术，而英国导演彼得·布鲁克却致力于将这样的差异巧妙地整合在一起，创作出不分区域、不分种族、不分信仰的全人类可以共享的普世戏剧作品。

在戏剧创作中，彼得·布鲁克最反对的是僵化，他曾警惕性地说过：小心，如果你还留在原地，就会往下跑。早年的布鲁克曾在英国皇家莎士比亚剧院导演主流戏剧，但他对传统戏剧形式持鲜明的否定态度，而后他前往巴黎，之后的工作都在寻求如何打破戏剧传统的僵化和枷锁。因此，在主流戏剧为主导的时代和区域，布鲁克的作品就带上了“实验”

* 姜璐璐：北京电影学院现代创意媒体学院导演系讲师。

和“后现代”的标签。如今，已经95岁的布鲁克享誉世界剧坛，被称为“尚在世的最伟大戏剧导演”。他在戏剧艺术的探索之路上从未停歇，从早年的代表作《飞鸟大会》《奥格哈斯特》到《摩诃婆罗多》，无一不让世界惊奇和感动，如跨文化戏剧《摩诃婆罗多》，改编自世界文学史上最长的18卷印度史诗，在露天剧场演出长达九个小时，改变了戏剧人和观众对戏剧的认知。

布鲁克在80岁之后的作品，比如《提尔诺·波卡》(Tierno Bokar，2004)和《黑天之死》(La Mort du Krishna，2004)，多与宗教和生命有关，布鲁克将余生精力奉献给了这个世界上最使人敬畏的议题。讲述哲理和生命，揭示预言和启示，探索人类的普遍本质和生命奥秘，成了布鲁克晚年戏剧作品的核心，而他所追求的人与生命的本质，又恰好体现在他所坚持的戏剧本质表达之上。

如我们所知，在有人类活动之时，便有了戏剧。戏剧是人类与自己、与他人和与一切外界交流的活动。通过对这一活动的观察，人类可以得到自我意识和自我认知，比如在远古时期，人在洞穴的墙壁上绘画，画的内容有自己、猎物以及捕猎的过程。这样的行为清晰展现了人在打猎时能够观察并认识到自己的打猎活动，这就区别于动物的打猎行为，即人在行动时可以思考并且感受自身的行动，这是戏剧作为艺术可以产生的基础。上千年的戏剧艺术，其本质是基于人最基本的行为和活动，如果我们认可这样的定义，也就不难理解布鲁克的戏剧的本质。

布鲁克说，“我可以选取任何一个空间，称它为空荡的舞台。一个人在别人的注视下走过这个空间，这就足以构成一幕戏剧了。”在他看来，任何一个空间都可以构建成一个戏剧舞台，然而这舞台是转瞬即逝的，戏剧的本质在于永远的变动。他的跨文化戏剧是用不同元素构成的戏剧，追求有价值的差异和变动，以此来表达对普遍世界的人类关怀。与此同时，他又用跨文化戏剧的成功可行性和被全人类理解的可能性，向世人证明他定义的戏剧本质的基础，是有不同种族、政治、信仰、阶层的全人类。

《十一与十二》是布鲁克85岁时执导的作品，改编自马里的作者阿马杜·昂帕泰·巴(Amadou Hampâté Bâ)的半自传体小说，讲述了一个真实发生在马里的20世纪30年代到40年代的故事。马里是西非一个风景极美却经济落后的国家，曾是法国殖民地，官方语言为法语，主要信仰伊斯兰教。《十一与十二》讲了一个由每天祈祷十一次还是十二次引发的故事，从第一次的个别人的简单吵嘴，到关于数字的寓意，再一步步发展为家庭的争议、部落的矛盾，再到整个地区乃至法国殖民政府的介入，直到产生了政治和暴力冲突。争议还是继续，人们通过比较祈祷十一次和祈祷十二次谁更能获得力量来证明到底祈祷多少次才是真理。尽管故事和伊斯兰教有关，可导演关注的却是所有的信仰和精神，通过这样一个每个人心中都有各自真理的故事，唤起人们对人类冲突原因和包容价值的思考，这也恰恰是跨文化戏剧的意义所在。

《十一与十二》采用了极简约的舞台设计，整个演出在一个铺着沙子的橘色毯子上进行，台上仅有几棵可移动的树干用来更换不同的场景，和极少的未经加工处理的简单道具。在极简的舞台设计之下，服装和道具成为变换场景的重要工具，比如，在村民过河的一场戏中，演员把一件折叠的衣服变成了一条摇摆的小船，再用形体的忽高忽低来表演过河的场景。通过这样的表演加上观众的想象，使舞台充满了创意与神奇的力量。

图 1 2010年在伦敦巴比肯中心上演的《十一与十二》

这样的创作手法在西方人看来，充满了异国情调，因为它结合了东方善用的象征和意象。如布鲁克所认为的，没有什么东西比想象所能产生的意象更加丰富，演员的身体语言、姿势和声音可以去创造想象。一个颜色、一个动作或一个元素就能暗示某个东西。这就是暗示，而不是直白的陈述。

在一场暴力冲突的表演中，冲突和打斗的声音用激烈的鼓声来表现。不得不提，整场演出的音乐都来自日本打击乐器音乐家土取利行（Toshi Tsuchitori）的现场演奏，他的音乐充满着原始的力量与神秘感，时而给观众展现平静和美好，时而又让观众感到压抑和冲突，而在抗争者提尔诺·波卡（Tierno Bokar）死后，则留给现场一片寂静与沉默。

因此，《十一与十二》中的简约布景和音乐设计，明显弱化了舞台和技术，更加强调了演员的存在与价值，使演员直接成为跨文化戏剧的载体，和观众一同交流普遍人类的生命意义。

《十一与十二》是发生在西非人身上的故事，而参演该作品的是来自不同国家、不同肤色的七位演员。所有演员都是男性，分别来自欧洲、非洲、北美、中东，他们在表演中使用英语，却带着不同的口音，在讲述者、学生、老师、守卫、士兵、统治者、母亲和妻子之间转换角色。正如帕特里斯·帕维斯（Patrice Pavis）所说，采用不同文化背景的演员，更加能代表全人类而不是部分区域的部分人。而布鲁克的用意则是通过不同区域的演员，对作品进行新的阐释，探讨世界范围的文化价值，用戏剧美学去解读政治下的人文精神，再使用国际语言英语与更多的观众交流。演员的训练及排练采用的是波兰导演格洛托夫斯基的方法，通过大量的身体技艺训练来激发演员的潜能和获得内心力量。此外，布鲁克鼓励演员自我发展，拥有创造的自由和自身觉得舒适的训练方法。在此方法之下，不同演员身上的差异感和特别性也为该作品的跨文化特征贡献了力量。

跨文化戏剧中的“文化”指语言、艺术、诗歌、文学、音乐和其他传统文化形式的构成部分。从社会角度来定义，则是“一个团体内人群共同持有的价值、遵循的标准和创造的物资”。显而易见，文化可以改变、交换、融合、混合甚至消失。在一代代祖先的影响下，文化往往成为一个区域内人的缩影和象征，而戏剧艺术，则作为不同的人和文化的代表性身份。值得探究的是，在《十一与十二》这样的跨文化戏剧中，不同元素的碰撞加强或减弱了代表性文化的作用，却又恰到好处地融入该作品的主题和意义。这样的跨文化戏剧让我们思索，在世界各地，都存在持有不同真理的人，对与错、黑与白，究竟在多大程度上可以分得清？就像这部戏中的抗争者提尔诺·波卡所说，“这里有我的真理，你的真理，和真理。”而彼得·布鲁克也在用他的戏剧诉说，你有你的叙事、情节、角色和设计，而我有我的布鲁克戏剧——在永远的变动中表达着普世的关怀。

参考文献

1. Shevtsova, Maria. (1997). Interculturalism, Aestheticism, Orientalism: Starting from Peter Brook's Mahabharata. Theatre Research International 22, no. 2, 98-104.

2. Brook, Peter. (1996). The empty space: A book about the theatre: Deadly, holy, rough, immediate. Simon and Schuster.

3. Croyden, Margaret. (2003). Conversations with Peter Brook, 1970-2000. Faber & Faber.

4. Pavis, Patrice. (2010). Intercultural theatre today, In Forum Modernes Theater, vol. 25, no. 1, pp. 5-15. Forum Modernes Theater.

5. Brook, Peter. (2005). The open door: Thoughts on acting and theatre. Anchor.

6. Giddens, Anthony. (1993). Sociology. Cambridge: Blackwell.

用生命画画的人
——动画电影《至爱梵高·星空之谜》解读

要艾冰*

几年前刷爆朋友圈的动画电影《至爱梵高·星空之谜》，给观众带来一席视觉盛宴，也再一次点燃我们这些油画创作者的激情——大多数油画学习者都临摹过荷兰画家文森特·梵高的作品，模仿过他的油画色彩和躁动的笔触。《至爱梵高·星空之谜》继2017年荣获不少电影奖项之后，2018年又获第71届英国电影学院奖最佳动画片提名、第90届奥斯卡金像奖最佳动画长片提名。

一、关于梵高与他的作品

梵高说：最真的艺术，就是去爱。

20多年前，在读大学时的一个暑假里，我读了欧文·斯通写的传记小说《梵高传》，深深地被梵高的经历、精神所感染。文中描写炎热的夏季，火热的太阳炙烤着大地，梵高在麦田边、小路旁、果园中痴狂地画着这些景物，一个生活上穷困潦倒、精神上达到癫狂状态的画家，仿佛在用自己的生命进行着油画写生创作。

因为是在夏天天气最热的时间段读的这本小说，我对那种高热的温度深有体会，也熟悉在那种环境下画画的滋味，我想梵高的红头发和红胡子就是太阳对他的炙烤而形成的吧。

这本书我读了两遍，甚至去外面写生画画时也带着一本梵高画册，

* 要艾冰：北京电影学院现代创意媒体学院动漫艺术系讲师，主要研究方向：电影美术、油画创作、动画制作。

模仿梵高画画的笔触，学习他的用色，体会难以忍受的自然环境对画家心境的影响，追随着梵高对绘画的热爱与痴狂。梵高除了与弟弟提奥交流之外，再一种交流方式就是通过画笔与画布的交流了，他把自己对生活的渴望和激情全部注入画布中，孤独与悲怆全部化作绚烂的色彩。他喜欢用高明度、高纯度、高亮度的色彩，显然是受到印象派画风的极大影响，还能看出日本浮世绘的影子，他偏爱黄色，简单明了的黄色，华丽高贵的黄色，在他心里，黄色还有另外一层寓意，它象征着太阳和大地，代表着光明和希望。他的用色，让观众内心油然而生一种光亮、明快、愉悦的美感。

他在《向日葵》系列作品中，就是以大面积的黄色作为基调，然后配以淡黄、土黄、柠檬黄、中黄等夸张的颜色，使观众产生一种色彩缤纷、璀璨炫目的视觉享受。这些作品无不透露出他对美好生活的向往，但另一方面，一间小屋、一张床、一个罐子、一张桌子……所有这些描绘的对象，又揭示着他的孤独与寂然。生性孤僻的梵高，不懂人情世故，不与他人交往，在法国居住期间，后印象派另一位画家高更是梵高唯一的朋友，但因为观点与习性等原因产生了矛盾，之后愤然离开，在精神上又一次击垮了梵高。

看梵高后期的作品，好多观众不理解梵高的绘画笔触为何呈现出扭曲、旋转、痉挛、躁动、焦虑，我想这与他的精神状态有很大关系。他渴望生命，他画的树就像是一支伸向天空的手，要抓住生的希望，他还要创作更多的画，把自己的全部热情和欲望融入画笔上、画布上。然而，现实却让他无法继续生存下去，十年来只卖出一幅作品，生活费用全是由弟弟资助，除了弟弟，家人不理解不支持他，追求不到自己喜爱的女人，为数不多的朋友也相继离开，周边人的冷嘲热讽与鄙视，再加上抑郁与精神疾病对自己的折磨……这些令人绝望的境遇，使梵高的生命防线崩溃了。他来到空寂的麦田，使用几乎刺眼的对比颜色，用急促仓皇的笔触完成了生命里的最后一幅作品。一群飞起的乌鸦似乎暗示着不祥的到来，在画架旁，他向自己开了一枪……

二、关于动画电影《至爱梵高·星空之谜》

这部电影也是因爱而生，导演和来自多国的艺术家们秉着对梵高最

图1　画家模仿梵高的画风进行创作

虔诚的心，给我们展现了大量的绘画作品和对梵高的敬意。《至爱梵高·星空之谜》是女导演多洛塔·科别拉和爱人休·韦尔什曼联合执导的传记动画电影，也是第一部惊艳了世界的全手绘油画动画长片。2014年，多洛塔在网上发起众筹，为参与这部电影的画家筹集训练资金，然后请来了15个国家的125位画家朋友，和动画师接受绘画训练。在训练课程上，他们必须抛弃自己的风格，以致敬的心情学习模仿梵高的画作风格，以及怎样让油画更适合动画化。他们根据文森特·梵高的120幅油画作品，创作了1000多幅手绘油画，并让每一幅层层变化着，加工成为65000帧画面，再配合着演员的表演，拍摄成大约853个镜头，最终以每秒12帧的播放速率，成就一部90分钟的人物传记动画电影(图1)。

导演多洛塔从15岁起就开始迷恋文森特·梵高，大学时期的论文课题也是研究梵高。30岁时，她患抑郁症处于人生低谷，读了梵高写给弟弟和友人的信件，书信中透露出的梵高对绘画的挚爱深深感染并鼓舞了她。梵高在最后一封书信里有这样一句话："只有画画才能表达我心中之所念。"让多洛塔萌生了用梵高的画作讲述梵高生命最后一天的想法。

最初，多洛塔打算自己完成绘画，拍摄一部7分钟的短片来纪念梵高，直到她遇到休·韦尔什曼，把自己的想法告诉了他。休·韦尔什曼原本并非是梵高迷，在一次去伦敦看英国皇家艺术学院举办的"梵高书信展"时，他惊讶地发现人们宁可花时间排长队，也不愿放弃看展的机会。这种对梵高的喜爱激发了韦尔什曼的热情。

梵高在短暂的一生中写过很多信，大多数都是寄给弟弟提奥的，梵高焦虑着、怀疑着、痛苦着、狂喜着……韦尔什曼决定和多洛塔一起拍一部长片展现梵高的人生。通过努力，多洛塔·科别拉依靠集体的力量完成了自己的理想。他们把梵高的作品注入生命力，来讲述他的故事，片中的人物和主要场景完全是梵高画作里的形象，这里需要说的是，梵高作品中的物体基本上是没有质感的，这也不是梵高的关注点，画面上只有跳动的色彩和笔触，这也许是他本身自带的画风，画作中的空间表现和透视规律也显得稚拙和带有变形的意味（图2、图3）。

图2 动画电影《至爱梵高·星空之谜》

图3 动画电影《至爱梵高·星空之谜》

当我们透过大银幕看到油彩在流淌，看到那些梵高伟大经典作品里熟悉的事物逐次出现的时候，我们不仅感动于导演和所有画师对梵高的至爱，精心绘制每一幅作品，也感动于他们对艺术探索的勇气和对艺术追求的执着，把文森特·梵高的作品进行了全景式的展示，令观众踏上了美轮美奂的艺术之旅。

这部用油画材质做成的动画片，因为使用过于饱和明亮的色彩以及旋转升腾的图形，削弱了对物体本身材质的表现，加上每秒12帧的定格动画的处理，让整部影片相较于大多数动画电影更易产生审美疲劳。另外，由于选择手绘油画的呈现方式，不得不牺牲了大部分远景（甚至中景），而特写的部分因梵高画作的风格又无法准确捕捉到真人演员的细微表演。在影片中的回忆部分使用了黑白画面效果，这些片段的绘画风

图4　动画电影《至爱梵高·星空之谜》

格不是梵高作品的风格（图4），于是，油画与电影之间的差异尽显，略带短板，这也让该片被一些观众认为“形式大于内容”。对此，导演也都给予了回应：“事实上，对于我们的作品，我们的确更关注故事而不是风格，这对电影来说是正确的，因为它是一个讲故事的媒介。”

梵高对色彩的掌控无与伦比，他从27岁拿起画笔，用短短10年时间，也是生命的最后10年，创作了大量绘画作品，他一生饱受折磨，却把人生苦难转化成了画布上激情洋溢的美，在生命将要终结的岁月里，依然与暴戾的病魔苦苦搏斗，拼死为人间换来了艺术的崇高与辉煌……

下篇

学校工作与教学研究

艺术院校图书馆服务模式创新探究

——以北京电影学院现代创意媒体学院为例

关　洁*

高校图书馆是知识的集结地，国际教育界一般认为，教师、实验室、图书馆是一所高等学校的三大支柱。图书馆作为“第二课堂”，是高校整体办学水平的反映，图书馆在高校中的地位和作用毋庸置疑。艺术院校图书馆作为高校图书馆的一分子，近年来随着信息化的快速发展、数字资源的兴起，也出现了到馆率和借阅率下降等诸多问题，艺术院校图书馆的服务模式急需变革。

一、艺术院校图书馆服务的调查研究

目前，我国共拥有本科艺术院校48所。学校图书馆网站是发布图书馆信息、反映图书馆服务内容和水平的重要窗口。笔者从2019年4月起通过访问图书馆网站进行了一番调查。调查发现，上海戏剧学院、哈尔滨音乐学院、四川传媒学院、北海艺术设计学院和云南艺术学院文华学院5所院校没有独立网站，上海音乐学院、吉林艺术学院、沈阳音乐学院、辽宁传媒学院4所院校的图书馆网站无法访问。笔者对剩余39所院校图书馆资源建设情况（不含试用数据库）、阅读推广情况进行了统计。

（一）资源建设

随着信息技术的发展，资源建设成为各院校投入的重点，单一的借阅转变成多元化、多形式的阅读服务需求，各大数据库的蓬勃发展也为

* 关洁，硕士，北京电影学院现代创意媒体学院图书馆管理员。

图书馆提供了便捷、全面的服务。

表1　艺术院校图书馆资源建设调查汇总

序号	院校名称	中文数据库	外文数据库	自建数据库
1	北京电影学院现代创意媒体学院	3	0	1
2	北京舞蹈学院	10	1	1
3	北京电影学院	7	6	5
4	大连艺术学院	8	0	0
5	广西艺术学院	9	7	0
6	广州美术学院	10	0	9
7	河北美术学院	1	0	0
8	湖北美术学院	9	0	0
9	吉林动画学院	7	1	3
10	南京艺术学院	10	3	3
11	山东艺术学院	10	0	0
12	上海视觉艺术学院	10	0	0
13	四川文化艺术学院	1	0	0
14	四川音乐学院	20	0	6
15	天津美术学院	20	19	4
16	天津音乐学院	11	11	15
17	武汉音乐学院	9	8	1
18	西安美术学院	8	0	9
19	西安音乐学院	13	10	12
20	星海音乐学院	10	0	0
21	云南艺术学院	10	8	0
22	中国传媒大学南广学院	8	0	0
23	中国戏曲学院	10	7	0
24	中央美术学院	35	0	0
25	中央戏剧学院	7	5	0
26	中央音乐学院	12	0	9
27	河北传媒学院	7	0	1
28	四川电影电视学院	0	0	0
29	山西传媒学院	3	0	0
30	中国美术学院	13	0	5
31	山东工艺美术学院	13	0	0
32	四川美术学院	5	0	2
33	武汉传媒学院	7	0	0
34	浙江音乐学院	25	0	0
35	内蒙古艺术学院	4	0	0
36	江西服装学院	20	2	0
37	鲁迅美术学院	15	0	6
38	新疆艺术学院	18	1	0
39	中国音乐学院	24	14	4
	数据库统计	422	103	93

根据艺术院校图书馆资源建设调查汇总(见表1),各院校购买中文数据库的数量还是比较可观的,总数达到422个。有21所院校购买超过10种中文数据库,四川音乐学院、天津美术学院、中央美术学院等6所院校甚至超过20种。相对中文数据库,外文数据库的购买量明显较少,39所院校购买总数只有103个,且只有13所院校购买了外文数据库,购买量大于等于10的只有西安音乐学院、天津音乐学院、天津美术学院和中国音乐学院4所院校。

笔者认为,外文数据库购买较少的原因与以下因素有关:(1)图书馆经费多少和分配比例,(2)师生的外语水平,(3)学校科研氛围,(4)资料检索习惯,(5)采购人员的经验。

自建特色数据库数量更少,只有18所院校有自建数据库,其中,天津音乐学院、西安音乐学院、广州美术学院、西安美术学院、中央音乐学院5所院校相对较多。四川电影电视学院没有购买任何数据库。在引进数据库中,大多数为中文综合性数据库,如中国知网、万方、维普等,专业性数据库相对较少。

(二)阅读推广

每年的4月23日是世界读书日,各院校都会围绕着"世界读书日"的主题举行各种主题鲜明、丰富多彩、各具特色的读书活动。2019年5月,笔者根据各艺术院校网站统计了当年"4·23世界读书日"活动内容概况(见表2)。

根据表2统计可以看出:39所院校中,在"世界读书日"举办活动的有27所,占69%。河北美术学院、南京艺术学院、山东艺术学院、四川文化艺术学院、四川美术学院、四川电影电视学院、中央音乐学院、中央美术学院、云南艺术学院、中国传媒大学南广学院、中国戏曲学院、天津美术学院和新疆艺术学院13所院校图书馆没有在网站上发布任何活动。在活动内容方面,11所院校安排了数字资源宣讲,仅占28%,在几项常见活动中占比最大;其次举办较多的活动是读者评选、读书讲座、征文比赛,极少数院校举办了图书漂流和其他方面的活动。由此可见,读书活动在各艺术院校图书馆开展得较少,阅读推广活动并不理想。

表2　图书馆“4·23世界读书日”活动内容概况

序号	院校名称	读书讲座	征文比赛	数字资源宣讲	图书荐购	图书展览	读者评选	图书漂流	图书捐赠	影视欣赏	其他
1	北京电影学院现代创意媒体学院		√				√		√	√	
2	北京舞蹈学院	√	√	√			√		√	√	
3	北京电影学院			√	√	√					
4	大连艺术学院						√	√			
5	广西艺术学院			√							
6	广州美术学院									√	
7	河北美术学院										
8	湖北美术学院										√
9	吉林动画学院			√						√	
10	南京艺术学院										
11	山东艺术学院										
12	上海视觉艺术学院	√					√			√	
13	四川文化艺术学院										
14	四川音乐学院	√	√		√						
15	天津美术学院										
16	天津音乐学院						√				
17	武汉音乐学院	√	√	√			√				
18	西安美术学院	√	√	√		√				√	
19	西安音乐学院	√									
20	星海艺术学院	√		√	√						
21	云南艺术学院										
22	中国传媒大学南广学院										
23	中国戏曲学院										
24	中央美术学院										
25	中央戏剧学院			√							
26	中央音乐学院										
27	河北传媒学院		√		√						
28	四川电影电视学院										
29	山西传媒学院		√		√						
30	中国美术学院					√					
31	山东工艺美术学院						√				
32	四川美术学院										
33	武汉传媒学院			√			√				
34	浙江音乐学院	√		√	√		√				√
35	内蒙古艺术学院										√
36	江西服装学院	√		√							√
37	鲁迅美术学院					√					√
38	中国音乐学院	√	√		√						√
39	新疆艺术学院										
	统计	10	8	11	7	3	8	1	2	6	6

注：√表示在图书馆网站发现该项活动

二、艺术院校图书馆服务的实践研究

（一）北京电影学院现代创意媒体学院图书馆服务现状

图书馆服务主要由两种部门承担，一种是由独立的服务部门如参考咨询部承担，另一种是由各个业务部门承担。前者适合条件较好的高校图书馆以及部分艺术院校图书馆，后者较适用于中小型图书馆。由业务部门承担参考咨询服务，好处是节约了成本，给馆员尤其是年轻馆员提供了锻炼机会，另外，带来了信息服务非专业化、服务层次较低等问题，因此，并不是一种最佳方式。

就北京电影学院现代创意媒体学院而言，图书馆提供的主要是借还服务以及阅览、参考咨询、打印复印等服务。阅览及借还服务是图书馆的基础服务，艺术类院校存在借阅率低的问题，这主要因为“90后”学生阅读方式的改变，是无可避免的；而现有的参考咨询服务主要集中在图书馆利用、文献检索、阅读推广这三方面，更高一级的像学科服务、科技查新等还未涉及。在服务手段上，利用一切可用的服务模式，例如微信公众号、QQ咨询、网站以及校外访问等，使服务效率得到显著提升。

（二）北京电影学院现代创意媒体学院图书馆服务存在的问题

1.对内、对外宣传较弱

对外宣传尚有不足，读者对图书馆布局、图书分类了解不清，对馆内举办的各项活动的关注度、参与度不是很高。这一方面是由于读者对阅读的兴趣不高，另一方面是宣传不够到位，处于被动状态。因此，必须加大宣传，将图书馆“推”到读者面前，让读者了解不一样的图书馆。

2.资金投入有限

因北京电影学院现代创意媒体学院为独立性质的艺术类院校，学院对图书馆的资金投入有限，图书馆在2014年以后每年才有固定的经费投入，造成图书馆采编工作扎堆进行，而为了应对检查不得不大量进书，图书质量得不到保障。

3.馆藏资源比重分配不均，缺乏专业性和学术性

艺术类院校图书馆应拥有较多的专业性、学术性图书，但因艺术类图书开本大、价格高，导致采购成本增加，使图书馆在选择上有一定局限性。北京电影学院现代创意媒体学院图书馆在馆藏资源上文学类图书最多，其次是艺术类、历史地理类，缺乏丰富的专业和学术图书资源。

三、艺术院校图书馆服务转型与创新发展

图书馆作为知识和信息服务机构，是沟通过去与现在、左邻与右舍信息、知识和思想的枢纽。现代图书馆的最高层次是人书汇合，"人""空间""资源"三要素必不可少，艺术类院校图书馆亦是如此。根据调查研究和实践研究，艺术类图书馆服务模式必须从"人""空间""资源"三个方面进行改进。

（一）加强与读者交流沟通，将"人本管理"与"个性化管理"相结合

现代图书馆从"以书为本"向"以人为本"转移，从服务馆内读者向服务利益相关者延伸，从书的图书馆向人的图书馆拓展，这三个层次逐次递增。

图书馆管理的主体——馆员，决定着图书馆提供创新服务的关键；而院校图书馆服务的对象——学生，决定着图书馆管理理念的实施。笔者认为，首先，馆员应该树立"以人为本"的服务理念，真正关心学生的需求，尊重学生的个性化发展，给予他们更广阔的空间，激发学生的学习热情和创作灵感；其次，图书馆应该树立个性化服务的理念，开拓思路，将自己融入学生中，主动与学生沟通，主动向学生推送个性化定制信息，帮助教师以及科研人员在艺术领域多有建树，让两种理念融会贯通，相得益彰。

（二）优化图书馆的空间环境，将阅览与互动空间相结合

近年来，图书馆单一的借阅功能渐渐不能满足读者需求，已逐渐转变为多元化的知识共享中心，成为提供信息资源、学习交流的重要场所。目前，互动空间的规划是图书馆设计中的新趋势，它的功能不仅包

括藏书和借阅，也具备学术研究、学术交流和展览等其他综合服务。

2017年初，我馆将一楼改造成“悦读空间”，联合各系每月举行主题阅读活动，比如文学系播音主持专业的朗诵活动，借此助推学院学科建设，为师生提供更好的服务，收效很好。

（三）加强图书馆资源建设，丰富借阅内容

图书馆的特色馆藏建设只有与学校学科特别是重点学科和优势专业的发展方向一致，才能显示其作用。特色数据库的建设是学科建设的一部分，它是一个系统工程，包含着规划、论证、收集、整理、加工、分类、网页建设与维护等环节，需要耗费大量的人力和时间。

特色馆藏建设要做到内容选择新颖、有针对性，由于我院图书馆职工较少，所以要避免浪费人力与时间，做到少而精，提高馆藏精品化和服务优质化。建设初期，共享了北京电影学院的优秀影视资源：豆瓣Top250和IMDb评分Top250影片，持续收录整理的有北京电影学院各届国际学生影视作品展、北京电影学院各届动画学院奖、北京电影学院毕业联合作业等。这些资源为我院图书馆影视馆藏的建设打下了良好的基础，也为后续开展相关工作起到了指导作用。

在图书馆收集整理大量优秀影视资源的过程中，我们自主建设了“中国电影百年百部佳片”“历届奥斯卡获奖影片”两个小型影片库，虽然信息量很小，但所选录的电影都是国内外极具代表性的优秀作品，也算是电影发展史一个小小写照。影片库得到师生的广泛认可，不管是教师引用做授课题材，还是学生日常欣赏学习，都能够便捷地查询和利用这些资源。

（四）组建协同合作的学科知识服务团队，培养学科服务意识

学科知识服务团队应该以满足院系用户的多元化及个性化需求、提供知识服务为主要目标，运行宜采用“大团队一小团队”的模式，即学科服务大团队包括所有学科馆员，学科馆员再按照不同系部不同专业划分不同的服务团队，一般称为学科服务小组。艺术类院校因为专业相对集中、单一，可以按照系部分类，例如导演学科服务小组、摄影学科服务小组、美术学科服务小组等。学科服务大团队既有总体目标、

规划及服务要求，又有根据不同用户特点及学科知识服务内容设定的具体服务目标，大团队与小团队之间是“分工—协作”的关系。院系——图书馆——学科知识服务团队——学科馆员，是高校图书馆开展学科服务的四个关键点。

组建了学科服务团队，学科服务意识必须要跟上，首先要意识到学科服务的重要性和特殊性，在全馆开展讲座宣传学科服务，学习先进理念和工作内容；邀请各系部学科带头人开展学科大讲堂，深入了解该学科前沿动态；学科馆员之间互相交流经验。其次，在领导层面要重视并确立学科服务在图书馆工作中的核心地位，建立长效合理的工作体系，保证学科服务的工作效率与质量。

结　语

通过调查研究，本文从“人”“空间”“资源”三个方面探究了艺术院校图书馆的服务模式和管理策略。

首先，我们要树立一种新思路、新观念，对于学生，要改变思路，将“人本管理”与“个性化管理”相结合，融入学生中，去主动了解学生的阅读兴趣，将被动变为主动；对于管理者，要改变观念，意识到自己既是管理者也是参与者，重视馆员的发展空间，合理配置专业人才，助力馆员个人成长。

其次，统筹兼顾，合理配置资源。建设具有本校特色的资源数据库，主打特色牌；适应现代化网络环境，将新媒体应用到图书馆的服务中。

最后，优化空间环境，将阅览与互动空间相结合。互动空间不仅包括开放性的可容空间，还包括人文空间。

参考文献

1. 于佳丽：《独立学院图书馆SWOT分析与发展对策》，《情报探索》2010年第7期。

2. 连朝曦：《艺术院校图书馆学科服务现状与思考》，《图书馆学刊》2015年第2期。

3. 陈亮、连朝曦：《艺术院校图书馆的阅读推广探讨——以南京艺术学院图书馆为例》，《大学图书馆学刊》2014年第2期。

4. 王婷：《试析艺术类高校图书馆与院系资料室的共同发展》，《大众文艺》2014年第16期。

5. 张闪闪：《数字环境下科学专业图书馆的SWOT分析与发展策略》，《图书馆理论与实践》2015年第6期。
6. 梁筱幸：《民办高校图书馆SWOT分析——以北京理工大学珠海分校图书馆为例》，《内蒙古科技与经济》2015年第2期。
7. 李金芳：《美国高校图书馆馆员培训与发展的典型案例研究》，《大学图书馆学报》2015年第1期。
8. 别立谦、刘晋伟：《美国高校图书馆战略规划的方向、实施及启示》，《大学图书馆学报》2014年第5期。
9. 唐晓棠：《艺术院校图书馆服务模式创新研究》，《济南职业学院学报》2012年第8期。
10. 刘健：《艺术院校图书馆特色资源建设刍议》，《图书情报工作》2010年第2期。
11. 孙怡然、王丽娜、杨静远：《浅谈如何创新图书馆管理工作》，《学周刊》2015年第1期。

融媒体时代下高校媒体融合管理探析

于 超　丁 凡*

人类进入数字化时代，互联网为基础的媒介与群众生活直接关联，手机App及PC端突破时间及空间限制，使人们的生活更加丰富，这也对传统媒体造成剧烈的冲击，融媒体在新时代发展速度迅猛。对此，本文以高校为载体，探究融媒体环境下高校媒体融合管理方案，高校应当与各大媒体联合，通过整合内容及平台宣传自身特色，维护学校的意识形态安全，实现为全校师生服务的目标。

一、高校媒体管理现状

（一）高校宣传媒体类型

（1）校报。校报是高校中的一项特色，是高校宣传的主要手段和载体。据相关协会统计，各大高校校报种类高达1000种。校党委负责校报组织并设置编辑人员，校报内容通过前期访问及后期编写完成。

（2）高校广播。高校广播是具有高效宣传作用的媒体，学生能参与到高校广播中，广播的目的是服务师生，内容包括科学知识及高校文化生活等。高校广播具有较强的针对性，且影响范围较广，时间安排上利用学生课余时间，在夜晚或者中午进行宣传。

（3）高校网络媒体。该平台一般由学校宣传部建设，利用学校局域网，在校领导的同意下设计活动内容，涉及娱乐、生活及学习等各个方面。我国各大高校目前均设置高校网络媒体，板块包括学校新闻及公告

* 于超，北京电影学院现代创意媒体学院传媒管理系副教授，主要研究方向：影视管理、电影观众、受众心理；丁凡，潍坊学院经济管理学院讲师，主要研究方向：会计、金融法规。

等，对处理高校事务及宣传科研成果具有一定价值。

（4）微信、微博。此类新媒体App属于师生喜爱的网络媒体，中国互联网络信息中心（CNNIC）2020年9月发布的第46次《中国互联网络发展状况统计报告》显示，中国网民数量已经高达9.4亿人。在所有的媒介中，微博及微信的使用率最高，是接收消息及传播消息的主要方式。现阶段高校建立的官方微博为提升学校公信力发展奠定基础。

（二）高校媒介的使用现状

（1）媒介种类丰富。据相关数据调查，我国部分高校使用的媒介种类相对丰富，其中微信使用频次最高，随后是官方微博、高校广播、高校网、校报等。

（2）运行主体为师生。就目前的高校媒体运行主体看，以教师为主，管理部门为学校党委宣传部门。教师对媒体资源进行分配，发布的内容经过多方审核，从而保证发布内容符合标准，但存在的问题是教师无法兼顾更多的运行事务。其次是学生群体中的学生干部，他们在高校媒体运营中参与较多，但工作质量无法保障。

（3）受众群体单一。高校师生对媒体的需求存在差异，年龄集中在19岁至38岁，此类群体偏好多元化的新闻资讯，单一的报纸及广播的内容涉及面相对狭窄，因此，高校需开展多元化网络融合，才能体现高校媒体发展的特色。

二、高校媒体融合发展存在的问题

（一）融合观念问题

我国多数高校较为注重新闻宣传效果，希望能形成个性化的宣传路径，从而为学校管理贡献力量。但当前高校媒体融合尚未引起管理人员的重视，对媒体传播的认识较为局限，对传统媒体的认识依旧停留在过去，高校虽然推出一些新媒体传播方法，但是并未对学校建设与管理发挥出强大的效果。

（二）媒体宣传理论系统性不足

在现阶段高校宣传媒体工作开展中，宣传内容、宣传形式、宣传时间等均由领导层决定，且管理依旧存在“多头”问题，比如学生处负责、教务中心参与、党委宣传部管理等。在某地区的调研中发现，高校宣传工作由党委宣传部统一管理，高校论坛及二级网站等由学生进行管理，说明现阶段高校媒体工作中的某些不和谐。在实际管理过程中，管理系统不够完善，新闻采编方面主要是学生进行管理。碎片化的管理方式，使高校媒体宣传工作效果不理想，各级管理人员单纯在负责各自岗位内容，并未形成整体性思维，一旦其中一项环节出现问题，整体管理效果便会受到影响。

（三）媒体宣传存在困境

目前高校媒体传播过程中，会涉及复杂的内容，传播范围相对广泛，一旦宣传内容存在疏漏，便容易将问题扩大，不仅无法实现理想的宣传效果，反而会影响到高校的声誉。部分高校在媒体运营过程中发生问题的原因源自内部，比如，校报的切入角度狭隘，信息量不足，且往往具有周期性，一般是半个月更新一次，虽然校报分为四个版面，但在设计上无法彰显特色，影响力不足；再如高校广播，传播的内容一般无法保存，播出时间受到限制，无法展开深度报道，且高校广播受到音质影响，若覆盖面积不足，也无法达到理想的宣传效果。

三、高校媒体融合管理策略

（一）更新传播理念

高校在媒体融合发展的道路上，应当持续更新理念，带入“互联网+”概念，形成品牌意识；利用互联网思维传播内容，并结合多种媒体形式，壮大媒体力量。“互联网+”具有整合媒体的作用，为传统媒体提供动力，高校需积极利用互联网思维，改变传统的宣传模式，不断挖掘新媒体的功能。高校传媒在发展过程中需结合融媒体发展，将媒介及资源整合，才能发挥较大的优势，为高校融媒体发展奠定基础；在融媒体时代下充分利用互联网思维展开工作，对传统媒体进行优化，才能够更新高校媒体传播理念，理解受众需求，从而有效传播信息，保障高校的管理效果。

（二）改变管理机制

高校媒体具有共性与个性，比如与大众传媒类似，能实现传播消息的功能，保障高校管理工作的有效开展。高校在宣传管理理念或者规章制度的同时，需明确自身的定位，有效发挥宣传效果。为保障该目标实现，需根据自身发展情况，结合社会媒体发展需求，对自身进行调整，对管理体制进行优化，整合高校资源，实现资源的合理配置。在实践过程中，可将高校媒体分为三类：第一类是各个院系的二级高校媒体；第二类是学生处及团委管理的媒体；第三类是党委宣传部直接管理的媒体。高校媒体需结合高校特色，实现信息的双向交流，在实现教书育人、改变学生观念的同时，成为学校文化建设的主要阵地。

（三）配置专业人才

高校宣传工作需建设一支具有专业能力的队伍，发挥媒体的宣传功能，但目前高校策划水平较低，对受众群体的需求分析不足，这种情况下，所发布的内容往往不被受众接受，宣传价值不高。立足该视角讨论，需对内容进行调整，针对受众需求进行分析，在管理过程中，应当改变僵化的模式，将以人为本作为核心理念，使高校宣传工作开展得更有效率。媒体管理人员需提升自身素质，注重与其他媒体间的合作，对学校资源进行整合，发挥媒体的宣传价值。

现阶段，融媒体发展是新时期的媒体发展趋势，高校媒体工作人员应当熟悉各种素材，具有创新性思维，提高专业能力，能利用网络技术挖掘群众需求，从而实现话题的正向引导。在具体工作中，让具有不同技能的人才进入高校媒体组织，比如具有电视节目制作能力或者策划能力、网络技术能力等，经过层层选拔，充实媒体组织队伍。此外，还要建设学生通讯员队伍，在本校选择素质良好的人才，收集受众需求等相关信息，做好后期的播放及推广工作，保证发布内容具有一定热度。

（四）建立健全激励制度

融媒体时代下，需针对新事物及新形势，建立适合媒体融合发展的激励机制。首先，绩效激励。高校媒体管理人员应当将考核评价作为支撑，通过数据观察高校网站及微信公众号的点击量及浏览量等，了解受众的阅读爱好，掌握受众的需求点，从而对发布的内容进行及时调整，抢占舆论高地。根据数据结果，按效分配，对工作效率高的人员给予物质奖励，提升工作人员的动力和积极性，进一步推动高校媒体融合发展。

其次，能力激励。相关人员在入职后，需要展开培训，设置学分制，媒体管理人员根据自身兴趣爱好、岗位职责等，选择学习内容，并将培训制度贯穿在媒体人员的职业生涯，使其技能不断提升，学习先进的知识及理念。

最后，成就激励。媒体融合发展过程中，高校媒体管理人员应当具有荣辱观，量化工作人员的考核结果，使其意识到自身的不足，不断完善自我，将个人目标与工作目标结合，激发他们的工作热情，实现理想及工作的同步发展。

结 语

融媒体时代下，高校应当及时转变思想，做到与时俱进，调整信息传播方法。媒体融合发展是现阶段媒体的发展方向，在管理过程中，学校应当设置专门的组织机构，成员需具有职业素质及责任意识，能及时挖掘受众需求，抢占热点市场。但现阶段高校媒体融合发展依旧处于初级发展阶段，还存在比较突出的问题，严重阻碍了高校媒体的融合发展，无法发挥媒体的管理价值及文化价值，对此，还需采取相应的解决办法，推动高校媒体融合发展进程。

参考文献

1. 孙康康：《融媒体时代下高校媒体育人平台转型建设探索》，《新闻研究导刊》2019年第10期。

2. 梁霞、娄立原：《媒体融合背景下高校电视新闻创新研究》，《西部广播电视》2018年第19期。

3. 肖圆圆：《媒介融合背景下高校校园媒体整合发展研究报告》，贵州民族大学硕士学位毕业论文，2018年。

4. 赵晨：《高校传统媒体与新媒体融合发展下的大学生思想政治教育途径研究》，《教育现代化》2017年第4期。

浅谈摄影艺术与技术系的招生思路

王健伟*

本文以课程联合的教学改革为例，谈谈在摄影艺术与技术系教学管理中，以何种手段催生了教学改革并使之实施。

一、教学改革的提出背景

（一）科技发展促使电影教育发展

从1826年第一张照片诞生开始，在接近200年的摄影史中，图片每次带给人们的视觉惊喜，几乎都是靠摄影设备的升级带来的。随着科技和互联网技术的迅速发展，人们的精神享受开始向网络平台转移，特别是随着手机的普及，人们逐渐习惯了移动式社交和娱乐，加上近几年3D、VR、IMAX等给人们带来了强烈的视觉体验，让人们对视觉效果的追求也变得挑剔。

科技进步带来的"蝴蝶效应"中，摄影教育算其一。随着近几年电影产业的发展，电影教育也发展迅速。影视摄影与制作是摄影与艺术技术系的特色专业，但摄影却不是特色专业，所以，摄影仍在努力成为特色专业的道路上前进。

（二）摄影教育竞争激烈

在中国科学评价研究中心、武汉大学中国教育质量评价中心联合中国科教评价网推出的《2017—2018年中国大学及学科专业评价报告》中，

* 王健伟：学士，北京电影学院现代创意媒体学院摄影艺术与技术系行政秘书、辅导员，主要研究方向为行政管理、学生管理。

发布了中国大学摄影专业排名前三的学校，分别是：北京电影学院、浙江传媒学院、中央美术学院。

在这三所院校之外，摄影专业如果没有特色，继续存在下去的风险就会变大，比如，2008年重庆一高校因招生未满而取消了摄影专业，2019年山东艺术学院取消了摄影专业的招生计划。

北创学院摄影艺术与技术系开设了两个专业——影视摄影与制作专业、摄影专业，其中，影视摄影与制作专业是依托北京电影学院摄影系而建，有摄影系强大的教学体系和课程体系做后盾，而摄影专业在此方面的建设就比较薄弱。如果能够依附在影视摄影与制作这棵“大树”上，那么摄影专业的前途可期。

（三）学科建设需要发展

摄影艺术与技术系计划在未来3年的时间内多招生至少三个班级。如果单纯靠增加现有专业方向的班级人数来实现扩招，是一个方法，但不是长久之计，现有的专业特色是小班教学，学生人数增加之后，师资条件势必要跟上，也就是说，至少要增加教师人数。与其增加本专业方向的教师人数，不如增加其他专业方向的教师人数，这样一来，现有专业方向不至于学生饱和，新专业方向的开发还能吸引新的生源。这为新专业方向的建设埋下伏笔。

二、教学管理支撑教学改革的实施

北京电影学院是全国院校中电影摄影排名第一的院校，而北创学院摄影艺术与技术系是全国院校中电影摄影排名第二的院系，并且在全国独立学院中电影摄影排名第一，所以，摄影艺术与技术系最主要的工作就是在电影摄影教学中保持领先地位。

（一）在课程安排方面重实践

相关数据显示，北创学院摄影艺术与技术系实践课程所占的高百分比在全国独立院校中排名第一。一年级的课程全部是基础课程，其中实践课程占24.29%，目的在于让学生有扎实的基本功，就像盖房子一样，只有地基打得牢固，才能盖出高楼。二年级是进阶课程，其中实践课程占41.52%，三年级是高级课程，其中实践课程占42.31%。

在所有专业课程中，实践课程的占比达到35.86%，充分体现了教学管理对一门新课程的态度，一方面能够锻炼学生的接受能力，另一方面能够不断完善教学。

（二）在新课程开发方面重理念

随着时代发展的脚步，电影教育一边在秉持着传统，一边在研究创新，摄影艺术与技术系的教学也在不断寻找创新点，迎合时代的变化。2018年，在观察分析了其他院校摄影专业的发展现状后，摄影艺术与技术系也在思考摄影专业的出路。摄影专业并没有发展到北京电影学院的维度，如何突破是个难题。恰逢电影《悟空传》的海报横空出世，剑走偏锋，引起业界哗然。系里大受启发，于是经过一系列的专家研讨，改革推出一门新课程——电影海报制作，体现出教学理念在教学管理方面的重要性。

（三）在作业方面重共享

共享单车、共享充电宝等直接催生了现在的共享经济，课程联合的教学改革正是受此启发，表现在课程作业的共享。电影海报制作的创作素材就取自电影本身，而故事片摄影创作的作业就是电影短片，为电影海报制作提供第一手的素材。

除此之外，还安排两个专业的教学周历保持一致，以保证两个专业的学生在实践环节有交集，让电影海报制作课程的学生真正投入剧组中，在剧组中创作出能准确表达电影主题的海报。

在课程总结时发现，改革第一轮作业实战就取得了好成绩，这说明课程联合的改革初见成效。

三、教学管理指导教学工作思路

教学管理是对教学工作的统筹管理，对教学工作有指导意义，在摄影艺术与技术系的日常教学工作中，离不开教学管理的控制。在有序进行的教学管理下，学生得到成长，教师队伍得到不断发展，教学成果也得到社会认可。

（一）全方位育人

在课程联合的教学改革之后，学生学会了站在电影制作全流程的角度看待问题、解决问题。学生在创作作品时，不再仅将其看成是在拍一个作业，也不再仅以得到一个成绩为学习目标，而是能够主动认识到整体发展的重要，走出在象牙塔中自嗨的状态。

（二）完善师资队伍建设

开展教育教学工作的主体是教师，教师是否有资格有能力教授学生，是师资队伍建设的关键。在摄影艺术与技术系的教学管理中，非常注重教师的发展。

时代在发展，教育也在进步，教师在教学过程中也要不断提升自己的能力，才能做到真正意义上的传道授业解惑。教育需要创新精神，不能故步自封。所以，系里对教师的管理打破传统，实行“散养”，以专业基础课为例，一门课程可对应多位教师，这就加强了教师之间的竞争，实现优胜劣汰，使整个教师队伍时刻保持进步。

系里青年教师的比例达到59.26%，这意味着教育的新生力量非常强大，有更多的机会创新。31.25%的青年教师毕业于北京电影学院，这意味着教育理念的一脉相承。

（三）建设品牌影响力

在摄影艺术与技术系的各专业之间都存在着差异，通过教学改革，使教学思路发生转变，但不是模糊专业之间的界限，而是不再强调专业之间的界限，直接催生了课程联合的教学改革。

在教学过程中，教师的教学技巧直接影响着学生的接受能力，苏联著名教育家苏霍姆林斯基曾说：“如果教师不想方法使学生产生求知的欲望，急于传授知识，知识只能使学生产生厌倦、冷漠的态度，容易产生逆反心理。然而，若欲望过盛，又会使愉悦的气氛流于形式。”在课程联合的教学改革之后，教师探索出新的教学模式，运用教学技巧，使学生在学习过程中获得知识，并能用所学进行创作。

相关调查数据显示，消费者在购物的时候，80%以上的人会受品牌力的影响。可见，人在进行选择的时候，品牌给了相当大的助力。北京电影学院这六个字就具有品牌影响力，莘莘学子从来没有因为每年的录取比例低而却步。

在近几年的教学工作中，摄影艺术与技术系砥砺前行，自2014年第一届毕业生毕业开始，不断收到各行各业的好评，相关数据统计显示，好评率达到90%以上。此后，2015年的招生工作中，有34名学生报到，2016年有67名学生报到，2017年有96名学生报到，2018年的报到人数突增到124人。报到人数每年呈现增长趋势，这侧面反映了摄影艺术与技术系的教学质量得到了社会认可，正逐渐成为一个品牌。

（四）强化教研，深化改革

教学质量的优劣决定着一个系的命运，一个好的教学管理体系决定着教学质量的优劣。摄影艺术与技术系为提升教学质量创造了一个良好的发展环境，在教学过程中不断总结经验，通过教学改革做到发现问题、剖析问题、解决问题。

中国电影走过了百余年的岁月，中国电影教育也将走过百年。从中国电影教育的发展历史来看，最早的状态是依托于电影产业的发展，随着时代的发展，也在不断的改革中成长。中国电影教育较之美国，还有很大的提升空间，还有发展的机会。这就需要在教研方面做出创新和突破，一方面加强建设严谨的教学风气和学术风范，另一方面保持对前沿理论知识的掌握和使用优势。

（五）治学严谨、追求学科引领作用

这次课程联合教学改革在实施之前，经过了大量调查研究。通过对学生的调研发现，大部分学生在大一入学时的摄影基础薄弱，在学习过程中没有电影制作全流程的概念；通过教学研讨电影海报制作这门课程的现状，了解到现代艺术教育中还有待创新的空间；通过与其他兄弟院校的对比发现，对电影制作全流程的应用仅限于联合作业的拍摄，对学科融合没有研究。

北京电影学院自1950年创立以来，从培养表演、剧作人才到增设洗印、发行等专业再到设立导演、表演、摄影等专业的高等教育体系，仅仅经历了6年时间。摄影艺术与技术系这次的课程联合改革，是以电影制作全流程概念为基础提出的教学改革，也是自2011年建系以来首次提出。摄影艺术与技术系在人才培养方面主要是为电影行业输送人才，从第一届毕业生到现在，就业率保持在90%左右，就业好评率超过93%。如果说能够把电影行业输送人才的这个培养目标升级为培养带领电影行业发展的人才，那将是一个里程碑，意味着经历不到百年的电影教育，超越了电影艺术的发展。这也说明在教学过程中教师要授之以渔，让学生学到发展的眼光、思想，而不只是一项生存技能。

结　语

在大学教育中，最重要的事情就是体现“专业”二字，如果没有强大的专业底蕴支撑，结果可想而知。这次改革，充分体现了教学管理在教学过程中的重要作用，摄影艺术与技术系在今后的教学中将继续改革，朝着建设一流学科的目标不断前进。

新媒体传播环境下高校教学方式探讨

焦 尊*

据2020年9月中国互联网络信息中心(CNNIC)发布的第46次《中国互联网络发展状况统计报告》,截至2020年6月,我国网民人数已达9.4亿,其中19岁以下网民占18.3%,为1.72亿人;以职业划分,学生占比最多,达23.7%,换句话说,近2.23亿网民还在读书阶段。这充分证明学生已经成为我国新媒体使用的最大组成部分。

新媒体对学生的影响越来越大,作为人才聚集地的高校也受到新媒体的冲击,传统教学方式已经无法满足教学需求,需要将教学方法、策略与新媒体结合起来,才能够顺应信息时代,提升教学效率,达到教学目标,完成教学任务。

一、新媒体的特点与优势

强大的技术支持赋予了新媒体多样化的信息表现形式,文字、图画、影音结合表现出来的形式更加生动,此外,新媒体技术的信息存储量非常大,便于信息检索,为人们查阅资料与发布信息提供了更多选择。同时,新媒体摆脱了时间与空间的限制,能够随时随地获取信息,提高了信息的传播速度,加强了信息的交流与互动。

教学媒体是教师与学生之间进行信息传递与交流的重要工具,传统的教学媒体技术含量比较低,包括书本、黑板、图画等。随着信息技术的发展,这些已经不能满足现代化的教学需求,教师应采取以多媒体技术

* 焦尊:北京电影学院现代创意媒体学院文学系教师。

为主的新媒体教学方式，如利用计算机、投影仪、手机等，充分利用数字化的多媒体教学平台来完成各种教学任务。

二、新媒体对传统教学的影响

新媒体在教学领域的应用越来越广泛，产生的积极影响也愈加明显。新媒体具有很强的感染力，能够通过视、听结合和多元化的渠道进行信息传播，从而使教学更加生动有趣，改善教学效果，促进现代教学发展。

（一）丰富教学内容

相比于传统教学中教师使用技术含量低的教学工具，新媒体能为教师开展教学提供有力的技术支持，帮助教师制作丰富的教学课件。教师利用新媒体将文字、图片、音频等资料结合起来，丰富教学内容，使教学活动更加生动活泼，有效激发出学生的学习兴趣。

新媒体拥有非常强大的存储功能，能够存储大量的教学信息，方便教师查找与使用。教师可以根据教学任务要求，随时改进教学课件，补充教学内容，从而提高教学内容的时效性。新媒体使传统教学的教学内容更加多样化，更能满足学生的多样化学习需求。

（二）提高教学效率

通过新媒体的使用，教学中能非常容易地获取各种数字化学习信息，改变传统教学的单一模式，使教学形式更加多元化。而且，新媒体能够进行教学资源的即时分享，从而有效提高教学效率。借助新媒体的信息存储功能，教师可将教学中的重点、难点等知识储存到学生的学习“云”中，方便学生随时查阅，帮助学生快速预习与复习，从而提高学生的学习效率。

除了摆脱单一的教学方式、丰富教学内容之外，新媒体还能创造教师需要的教学情境，让教师与学生更好地进行交流与讨论。而新媒体的交互性还能帮助教师及时获知学生的真实学习情况，从而调整教学计划，因材施教，提高教学质量。

（三）实现个性化教学

新媒体能够精准定位，搜索功能非常强大，为教学带来很大便利。在校园中，学生可以随时获取丰富的教学知识和内容，实现自主学习。而且新媒体改变了传统的师生面授模式，教师可以通过新媒体及时解决学生学习中遇到的问题。

新媒体也让学生拥有了学习的自主选择权，他们可以根据自己的兴趣和爱好有针对性地使用学习资源。教师可利用新媒体收集学生的学习数据，进而分析每一个学生的具体情况，有针对性地给予指导，改变传统教学的大班式教学，实现个性化教学。

三、新媒体与传统教学的融合

（一）媒介素养要与时俱进

媒介素养指学生们分析和处理信息的能力以及如何运用信息为自己服务的能力。新媒体的信息源非常丰富，怎样从如此多的信息中获取正确的信息和真实的信息？需要教师在日常教学中一点一滴地帮助学生培养媒介素养，使学生拥有在学习和生活中正确运用新媒体的能力。

（二）改变传统教学方式

传统教学方式是教师通过课堂教学将信息的“独享”变成与学生“共享”。而新媒体的出现使学生能独立搜索需要的信息，教师不再是信息的独享者。所以，教师需要改变传统教学思路和方式，从两个方面对学生进行引导：第一，在知识传授方面，教师不再直接给予或灌输，而是告诉学生如何获取信息，并对相关知识背景进行讲解，之后让学生利用新媒体去搜索和完成学习；第二，培养他们独立思考的能力，引导他们逐渐形成自己的观点。整个教学过程从引导学生认知到培养学习态度，使学生形成独立学习的习惯。

（三）培养知识整合能力

新媒体的出现，使教学不但重视知识的传播，也重视知识整合能力的培养。传统教学中，由于信息传播是单一的，信息量有限，难以有效培养学生的知识整合能力。但在新媒体教学中，平板电脑、手机等移动硬件和App软件的结合，教学变得更加多元化，丰富的教学信息、灵活的教学方式，大大提升了学生的主体地位和话语权，教师的引导性更加明显，侧重指导学生自主学习，在发现问题、分析问题、解决问题的过程中提高知识整合能力，完善自己的知识体系。

参考文献

1. 周红春、梁静：《新媒体传播环境下高校教学方式的变革》，《中国电化教育》2013年第8期。

2. 康淑敏：《信息化背景下的教学方式变革研究》，《教育研究》2015年第6期。

3. 张晓东：《新媒体时代的知识传播要素及其模式研究》，《华中师范大学研究生学报》2013年第4期。

商业摄影创作课程教学改革探讨

宋　璐*

商业摄影创作是摄影专业学生的必修课，在摄影专业教学中具有十分重要的地位，对学生成长成才、技能提高具有重要意义。但是我系商业摄影创作教学曾存在教学内容单一、课程特色不突出、在高等院校中缺乏竞争力的状况。为此，我们调整思路、明确定位、改革教学内容，新增电影海报制作内容，发挥电影学院的特长，为电影制作市场培养出特色专业人才。

一、课程改革的背景

商业摄影创作的教学目的是培养学生的商业摄影职业技能，使之成为职业商业摄影人才，教学定位和课程设置参照中央美术学院制定和实施。总结过去的教学，我们意识到，由于学院定位不同且目前我们的师资与中央美术学院的师资存在较大的差距，五年来我们在商业摄影领域并没有取得骄人的成绩。一方面，相比于中央美术学院摄影专业，我们从师资到市场定位都缺乏竞争力，课程设置一直处于鸡肋状态，课程定位不清晰，学生学习目标模糊，导致毕业生毕业后的就业方向不明确；另一方面，我们在不断的探索中逐渐意识到教学目标应定位在“人有我弃，人无我有”，充分发挥我们的优势和特长，才能对课程的教学目标和教学内容有清晰、明确的界定。

鉴于以上原因，我们亟须对该门课程进行大刀阔斧的改革。当然，改革是循序渐进的，该门课程中关于商业摄影部分的授课内容并没有完

* 宋璐，北京电影学院现代创意媒体学院摄影艺术与技术系教学秘书，硕士。

全被取代，我们在原课程基础上增加了电影海报制作的授课内容，并在近两年的教学改革中不断加大该部分课时量的比重，使商业摄影的内容渐次、逐步退出课程体系。

二、电影海报的发展前景

（一）电影海报的发展

2010年之前，电影海报在电影产业中并不被重视，国内也没有专门的电影海报设计公司。转折点出现在2010年，国内电影票房开始井喷，电影市场大环境的变化推动了影片的宣传营销，海报引起业界人士的高度重视。到2015年，电影海报的发展突飞猛进，目前不少海报公司单张海报的报价能达到3万元至4万元，而一些知名团队则能达到10万元以上。

根据艺恩网的数据，2015年中国电影票房突破440亿元的同时，当年的电影宣发市场规模突破38亿元，较2014年同比增长15.2%；2016年电影宣发市场规模达到46亿元。据统计，国内单部影片的总宣发成本中，34%用于影院宣传及相关的影院活动，20%用于“硬广”投放，大部分项目的海报预算都在百万元以上。

由此看来，随着电影票房的逐年上升，宣发投入及宣发市场规模具有很大的提升空间，电影海报的设计、制作这一行业正在进入高速成长期。

根据目前电影海报的发展趋势和社会对电影海报制作人才的需求，我们确定把电影海报制作作为我们主要的教学目标，对应此教学目标我们采用“三步走”的方式：①对商业摄影创作的教学内容进行大幅度调整；②把电影海报制作的教学内容纳入课程体系中；③计划未来2～3年完成“电影外宣与制作”专业方向的课程体系。

当我们完成对商业摄影创作课程的全部改革之后，新成立的专业方向即从电影海报制作延伸到电影宣传和电影营销（电影物料）的领域，从而能够培养出符合电影宣发市场需求的专业人才。

（二）改革的优势

北京电影学院和北京电影学院现代创意媒体学院是电影领域很突出的两所院校，我们充分依托深厚的电影文化资源，对电影市场、电影宣发和电影营销（电影物料）进行充分全面的研究和探讨后，提出了用电影海报制作教学内容完全替代商业摄影创作教学内容的方案。

三、商业摄影创作课程存在的问题

（一）课程内容单一

目前国内大部分高校商业摄影类课程的教学目标、教学内容仍在沿袭传统商业摄影教学模式，主要学习珠宝摄影、建筑摄影、风光摄影、汽车摄影、婚纱摄影、时尚摄影、人像摄影、产品摄影的技能。

表1　部分高校的商业摄影类课程教学内容

学校名称	课程名称	总学时/学分	主要教学内容
天津职业技术师范大学艺术学院	商业摄影	48/3	化妆洗涤类产品摄影、食品饮料类产品摄影、家电及电子产品摄影、钟表首饰类产品摄影、其他产品摄影
同济大学设计与艺术学院	商业摄影	64/4	人物摄影、风光摄影、建筑摄影、汽车摄影、时装摄影、首饰摄影、家具摄影、花卉摄影等
中国传媒大学南广学院	商业摄影	64/4	人像摄影、运动摄影、风光摄影、建筑摄影、汽车摄影、首饰摄影等
北京电影学院现代创意媒体学院	商业摄影创作	256/16	产品摄影、建筑摄影、文物摄影、时尚摄影、珠宝摄影

（二）相对于中央美术学院的不足

中央美术学院拥有深厚的学术积淀，且将摄影专业设置在设计学院之下，强调“将摄影放置于宏观的当代视觉艺术背景下进行解读”，形成既符合美院教学定位、学生特点，又尽可能与国际摄影教育同步的课程体系、课题模式，同时拥有姚璐、王川、缪晓春、周岚等“大咖”级一流师资。所以，中央美术学院的摄影专业在全国高校摄影教育领域以精品教学、品质教学著称，我们是无法与其比肩的。

（三）课程特色不突出

商业摄影创作这门课是摄影专业课时比重最大的核心专业课程。

然而，由于该门课程是集商业摄影（时尚、人像、广告）、艺术摄影等多种摄影创作内容的综合体现，与其他院校相比并无创新之处，且各部分内容自成体系，零散独立，并没有在某一项上或者某一种类上有专项研究和教学特色，各部分内容相互之间联系不紧密且不成体系，导致教学目标不明确，致使该专业发展方向多年来摇摆不定。

四、改革措施

（一）调整商业摄影创作课程内容

1.调整思路，充分发挥我系师资优势，弥补短板。

（1）优势：

我系师资是由青年教师组成的充满活力的教学团队，大部分教师毕业于北京电影学院摄影系、摄影学院以及其他国内外相关专业院校。他们对电影的理解较准确并具有一定深度，且敢于打破常规的教学思路，具有超强的学习新事物的能力。

作为北京电影学院唯一的一所独立学院，我院建立了完整、科学的电影学学科体系，不仅拥有影像资源方面的行业优势，更在8年的育人过程中，积累了人才培养、影视创作等相关领域的教育资源，比如电影物料宣传，涉及静态和动态（跟组纪录片、预告片等）两种影像，与传统的商业摄影有本质区别，就是充分借助了电影学院的教学优势。

学院地处"电影之都"青岛，影视文化氛围浓厚，电影产业化体系较完备。全产业链条的配套优势，为课程改革实践提供了便利条件。

（2）短板：

目前，商业摄影授课教师的个人创作经验不够丰富，个人创作与市场接轨较少，缺乏实践经验；且我院不是理论研究型学院，办学理念为"强基础、厚综合、重实践"，强化实践在教学中的重要性，所以，如果教师缺乏实践经验，对学生的指导就不具说服力。此外，我系师资中设计类教师占比量较少。

2.丰富电影海报制作课程内容

我系在2015级图片摄影方向的课程体系中做出初步探索，开设了32课时的电影平面制作（电影海报）课程，学生反馈良好，并在第五届莱斯达奖中设置了电影海报单元，进行了海报展映，涌现出一批优秀作品。在此基础上，我系将2016级的电影海报课时量增至96课时，进一步明确了教学目的和授课内容。

（二）与影视摄影与制作专业课程的融合

整体思路是逐渐弱化传统商业摄影的课程内容，使之最终退出我系的课程体系；逐步加强电影海报制作的课程内容，使之适应市场发展的需求。

1.与故事片创作课程融合

故事片创作课程的学生作业是完成一部20分钟的故事短片，海报制作课程的作业是针对此短片进行全方位、无死角的线上线下宣传介入。

两种课程通过作业的互相结合，实现了课程之间的有机融合，课程融合又促成了专业之间的融合，符合交叉学科融合的教学规律；而专业的融合又加强了教师之间的融合，不同专业不同学科的教师共同合作，对不断改进教学、提升教学质量起到了促进作用。

2.革新考核方式

电影海报制作内容的增加让学生创作时不再以自我为中心。以往学生完成商业摄影创作作业完全按照自己的思路和想法，最后以教师的评定为结果，并没有接受社会和市场的检验。而与故事片创作课程结合后，首先要接受导演（学生）对海报作业的评价，如果导演不接受，海报制作的学生则需要反复修改；其次是教师对学生电影海报创作作品的评定；最后参照电影发行宣传的整个流程，配合故事片创作课程作业的不同制作阶段进行针对性的宣传，根据线上投票结果核算成绩。作业的最终成绩根据教师评定和网络投票按比例计算得出。

五、课程前景

商业摄影创作课程改革后将摆脱过去专业发展方向摇摆不定的状况，教学目标和专业定位清晰明确。经过两轮的教学实践，加强了学科与学科的融合、学科与市场的结合，取得了很好的授课效果，也得到学生的认可。

商业摄影课程最重要的改革动力是市场需求，在下一步的改革中，我们将完成电影海报课时从32到96再到256的完全过渡，最终用电影包装与营销的课程内容完全取代商业摄影创作的课程内容，实现弱项变强项。

在国内院校还没有电影海报类专业之时，我们希望经过2～3年的努力，制定出明确的培养目标，建立起核心课程和专业课程以及完善配套的支撑性课程，逐步将我系电影海报教学推向高端化、潮流化和专业化，最终形成完整的电影外宣与制作教学体系，为电影宣发市场培养出更多的专业人才。

影视美术设计专业雕塑基础教学思考

杨晓东*

在影视美术设计专业的教学中，雕塑是一门非常重要的造型基础课程，其教学目标和培养要求有别于一般的雕塑专业。它要求在简洁有效的原则下，通过泥塑形式的临摹、写生和创作，使学生对具象雕塑语言有整体认识和初步理解，掌握基本的雕塑造型语言，具备基本的雕塑造型技能，形成三维空间的观察方式和思维方式，为将来从事专业设计和创作打下良好基础。

在影视美术设计领域中，有许多内容涉及三维空间的思维模式和语言技巧，需要雕塑造型语言的技术支持。随着现代科技的发展，科幻类、灾难类电影的一些特效造型、道具、场景都在不断升级和更新，银幕上呈现出的视觉效果不断刷新人们的认知。比如，依赖3D数字技术、3D打印技术的发展和应用，影视作品中的科幻场景和形象都能达到以假乱真的效果，从材质到工艺都远远优于人工制作。

这种利用现代科技的造型语言本质上也可说是雕塑语言，它在虚拟空间利用雕塑语言表达视觉形象和实现视觉效果。由此，我们引出雕塑教学的主旨——以培养学生空间观察的习惯为中心，兼顾培养学生的具象写实技法，而不能简单地将重点落在训练学生的写实技法。围绕主旨安排的课程内容一般包括：人体解剖结构和形体学习、石膏人像临摹、人像写生等，教学过程始终强调雕塑的写生而不是简单的临摹，强调从二维观察到三维观察的转变。

在当前的高校课程设置中，由于多种因素的限制，雕塑造型课程

* 杨晓东：硕士，北京电影学院现代创意媒体学院视觉艺术系讲师。

的课时量非常有限。随着现代科技不断发展进步，特别是近些年数字技术的迅速发展，影视美术设计专业也在进行课程调整，比如加入软件课程，但这些调整都是以压缩造型基础课程的课时量为代价的，也使雕塑课程教学面临着极大的考验。

在有限的课时内，我们不可能按最初设想面面俱到地解决雕塑教学过程中的每一个细节问题，学生也没有充分的时间进行长期的实践训练。课时的有限性、专业方向的特定性，要求我们具体问题具体分析，先解决根本问题和主要问题。

举个例子，观察方法是否正确、塑造方法是否合理，是雕塑初学者经常遇到的问题，所以，课程学习之初应将理论和方法阐释清楚，让学生形成正确的认知、方法，避免错误的理解和习惯。

一、突出学生的主体性，主动思考和观察

现阶段雕塑教学的常规方法是重复练习，即通过步骤严谨的强化训练，让学生快速有效地解决问题，形成一套非常机械的专业技法。这种方法用统一的一套标准指导学生做练习，既枯燥又费力，教师需要反复讲解，学生则需要反复练习，很少有时间主动思考，也很少涉及思维层面的内容。时间长了，不仅影响学生的学习积极性和主动性，也影响课堂教学质量。

为适应当下专业发展的要求，我们应更多强调学生的主体意识，培养学生主动思考的习惯，最大限度地激发他们的学习积极性。如果我们转换角度，从学生的角度思考整个课程内容，教学方式就会从针对学生的灌输式机械训练变为与学生共同面对学习内容，这种多样化、因材施教的教学方法显然更适应当今社会多元化的发展态势。从课程作业的角度来看，最后完成的作品应包含作者所学的知识和技能以及自身修养，体现学生对课程的理解。

最大限度地突出学生的主体性，还需要教师换位思考与学生交流，关注学生如何思考和解决所面临的问题，与学生共同面对问题、解决问题，使教与学呈现出一种平等对话的状态。当学生有了主动思考和学习的热情，就会满怀激情地投入学习中去。

二、三维空间思维模式的转变

在整个雕塑课程中，最关键的是形成三维空间的形体观察和思维模式，这对大多数学生来说都比较困难，因为虽然每个人都具有这种空间感知能力，但人的生理构造决定了人对空间深度的感知非常有限。我们观察事物，首先是以平面轮廓为主的直观印象，然后才是具有纵深感的空间感知，但人类的视觉感会本能地压缩纵深空间感知深度。英国雕塑家亨利·摩尔曾说："虽然人们可以获得平面形式中精确的观念，但他们却并未在进一步了解空间形态中付出更多的智慧和激情。"

亨利·摩尔在其著作《雕塑笔记》中说："雕塑欣赏依靠对三维空间形态的反应能力，也许这就是为什么雕塑被形容为一切艺术中最困难的原因。当然，这比仅仅在二维空间里欣赏那些平面形态或轮廓形状的艺术更困难些。儿童在模仿观察的时候，只能关注二维形状，而不会判断距离和深度，慢慢地由于安全和实际的需要，才发展出（部分通过触摸的练习）判断三维距离的能力。而一旦满足了实际需要，大多数人的这种能力就停滞不前了。"

亨利·摩尔从发生学意义上论述了人的空间知觉如何产生——为了满足生存本能需要。在原始社会时期，人们接触自然，为生存而劳动，在空间感知能力上发展非常充分；而在现代社会的生活环境下，不需要野外生存能力，空间感知能力也随之退化。

以中国魏晋时期的佛教造像为例。这些早期佛像在空间深度上几乎都呈现出扁平化的特点，从侧面看，会发现佛像面部的空间纵深度非常小，五官整体感觉扁平。我们在形体空间感知上的这种缺陷，首先是由于生理构造原因，其次是人的生活习惯渐渐削弱了这方面能力。

中国传统文化对"绘"和"塑"的态度在很大程度上限制了雕塑的发展，相对于绘画，雕塑领域的发展非常缓慢，这种传统一直影响着我们的视觉思维和文化习惯，造成人们三维空间认知和理解的严重缺失。另外，数字化时代改变了人们的生活习惯和思考方式，数字化图像的呈现质量不断提高，人们只需要读图，就能获取大部分信息；虽然雕塑由于其实体性，仍需要人们亲临现场才能体验空间形体的视觉效果，但数字化技术的发展，却使得这种身临其境的认知方式也变得不那么必需，巨大的实体作品可以被缩小几十倍再以平面图像的形式呈现，人们的视觉感受习惯被潜移默化地改变，视觉观察导向也渐趋平面化。

一般雕塑专业的学生在入学时就已经具备了一定的空间概念，在开始雕塑课程的学习时注重空间意识的练习，而非雕塑专业的学生并没有这方面的练习，如果不具备空间造型能力，他们完成的雕塑就只是平面式机械组合，而很难将多个形体组合成一个协调的有机整体。

要想使学生形成三维空间的思维方式，首先要做的是从多个角度反复讲解这一概念，比如借助相关概念讲解雕塑的形体与空间问题、将空间形体归纳为点和线的连接、高点和低点的穿透、轮廓的运用、面的归纳等，都能从不同角度加深学生对雕塑的空间和形体认识。虽然这样多概念、多层次地穿插讲解并不能让每一个学生全部理解，但他们只要掌握了其中一种方法，就能很好地应对塑造形体与找准空间等问题。

其次，在技法训练方面要培养学生从一般的习惯性观察方式转变到具有纵深感的多维观察方法，例如多角度的轮廓观察训练，从正面转到侧面去检查和调整，这虽然仍是一种二维观察方法，但能很好地解决因纵深感不足而导致平面化的问题。对具备素描基础的初学者来说，这非常容易掌握，能够快速将三维形体的空间感调整到位。

三、保持整体性的观察和理解方式

不管在什么领域，对事物系统的认知都需要整体性的框架思维，雕塑的学习也是如此，最重要的是整体性的观察和理解。雕塑初学者最容易犯的错误就是忽视整体，因为他们的框架思维意识非常薄弱甚至完全没有，所以容易出现整体感弱、只关注表面肌理等无关紧要的细节、仅就形体局部进行塑造等问题，直接导致雕塑作品饱满度不够、干瘪、没有张力，至于作品的精神气质就更无从谈起了。

解剖练习是雕塑课程必不可少的一项内容，对解剖的误解也容易引起一系列错误。解剖练习最终是服从于形体的，对于解剖和形体知识的学习不是最终目的，而是为表现形体服务。中国古代总结面相形态时用田、甲、申、由等字来概括人的面部基本特征，这就是一种很好的整体性理解方式，是从形体层面来理解整体。

具备整体性的观察和理解能力，是具备空间形体观察能力的标志，也显示了整体空间认知的重要意义。因此，在雕塑课程训练之初，我们需要随时提醒学生纠正错误的观察方式，引导学生逐步形成对雕塑的整体性观察。

四、综合欣赏能力和个人艺术修养的提高

艺术修养体现在知识体系、价值观、审美情趣等方面，是一个艺术家在不断进行艺术探索和艺术实践过程中形成的一种品质，对艺术创作活动有重要意义。因此，合格的艺术家必须具有强于常人的丰富情感和优于常人的艺术想象力，艺术家如果具有深厚的个人修养，敏锐的观察、体验与感知能力，就能将自己强烈的情感和想象融汇到艺术作品之中，创作出有血有肉、生动感人的艺术形象。

个人艺术修养的提升应该始终贯穿于一个艺术家的艺术生涯中，法国雕塑大师罗丹以自己一生的努力为现实主义雕塑开启新的道路，他的代表作品《巴尔扎克》是一座现实主义雕塑的里程碑，他以惊人的激情和毅力投入创作，集七年之功终成不朽之作。他的艺术理念打破了塑造英雄、伟人共性的程式，以一种反纪念性来展示人物形象，开启了写意雕塑的诗性之门。罗丹一生对艺术的追求完美诠释了一个艺术家的艺术修养是如何推动艺术的发展，也说明了艺术修养对一个人的重要意义。

个人艺术修养的形成需要长期的阅读和学习以及艺术实践积累，这也是艺术类院校学生综合能力培养的目标，并始终贯穿于教学全过程中。理论能够指导实践，综合能力修养会启发人们突破技术层面上的限制。作为学生的引导者，教师应该努力营造一种好的学习氛围，多阅读多讨论，积极鼓励学生探索常识各种艺术风格。

时代的发展、现代科技的发展和社会多元化的趋势，给各行各业都带来了新的变化和需求，具体到影视美术设计相关专业的教学，也会有新的变化调整，但是，雕塑造型能力始终是一个影视美术专业从业人员必须具备的基本素质。

参考文献

1.［英］亨利·摩尔：《亨利·摩尔艺术全集》，张恒译，金城出版社，2011年。
2.［美］鲁道夫·阿恩海姆：《艺术与视知觉》，滕守尧、朱疆源译，中国社会科学出版社，1998年。

《今夜20岁》晚会导播方案的设计与实现

齐梦瑶*

从2013年元旦开始，北京电影学院现代创意媒体学院文学系每年都会举办新年晚会，并于2015年第一次加入了导播。那一次导播由笔者作为教师带领校外摄像团队完成，没有在现场进行直播，机位设置相对简单，仅有4个机位，均是固定镜头。时隔4年，伴随着教学经验的积累和学生能力的提高，文艺编导教研组决定在2019年新年晚会中再次加入导播元素，全工种皆由学生独立完成，教师从旁指导，将导播画面进行现场大屏直播和网络在线直播，制作水准接近准广播级水平。

文艺晚会的导播工作不同于过去我们教学体系中情景剧的导播，后者人物调度简单、节奏缺少变化、空间也很单一。相比之下，晚会节目丰富，节奏和演员调度变化多样，如何通过精密的导播链条实现清晰、唯美的表达，对于导播团队而言是一次全新的挑战。要完成一次完美的晚会导播，需要各方面的全力配合与精心策划，我们经历了7天的高强度集中工作，才保证了晚会当天较完美的呈现。这一次大胆尝试，为今后文艺编导专业课程电视文艺节目创作、电视节目导播的改革与提升提供了新的思路。

一、确定总体导播思路，是清晰表达的第一步

晚会导播思路的确立，需要先梳理节目类型。我系晚会的导播任务从空间上可分为台上与台下，从表达内容上可分为语言类与音乐舞蹈类。整台晚会的节目节奏可以说是张弛有度，有缓有急。作为导播，我们的镜头表达也应该为晚会的整体氛围服务。

---

* 齐梦瑶：硕士，北京电影学院现代创意媒体学院助教，主要研究方向：视听新媒体、广播电视艺术。

1.熟悉节目内容，形成感性认识

作为主导播的同学，必须从初期开始就参与进节目选拔和设计中。本次晚会的导播同学是晚会初期导演之一，因此她对节目的相关情况非常了解，并参与设计了整场晚会的节目安排，对每个节目的排练进度、调度变化了然于胸，极大方便了后面导播台本的制定。这也是专业导播工作的基本方式——提前熟悉节目内容，理解节目设计思路，为后期的直播方案制定奠定基础。

2.厘清节目风格，提炼导播思路

梳理过晚会的全部节目后，以三次颁奖作为分界点，将晚会所有节目分成4个大的板块。第一板块是晚会开场部分，需要用快速的切换频率和丰富的镜头运动，给观众耳目一新的视觉体验。第二板块的开场RAP承接上一部分的颁奖环节，用较为热烈的气氛延续观众中奖带来的欢快情绪，但随着进入语言类节目，整场晚会的节奏变得舒缓。此时，切换节奏需要放慢，也是各位讯道摄像师短暂的“休息时间”。第三板块是以集体歌舞为主的、较强烈的抒情部分，要用更多长线运动镜头来渲染情绪。第四板块有老师与学生的互动节目以及一些能引发共鸣回忆的节目，因此，除了大量舞台区域的表演需要设计镜头以外，场下观众的反应与舞台内容的呼应，也是切换链条的主要构成部分。

通过梳理节目将整场晚会的导播思路进行分类和总结，对导播团队而言至关重要。只有将导播思路进行凝练总结，才能与团队中的讯道摄像师高效沟通，在创作过程中充分理解导播思路，真正做好导播在现场的“眼睛”。

导播团队确定了整场晚会的“调性”、表达风格和重点以后，如何将它们通过导播镜头的切换传递出去？实现这一切的物质基础，在于设备的选择。

二、选择合适的设备，是设想落地的开始

导播团队确定了“欢快与抒情并重”的直播风格思路后，面对的第一个问题，就是选择什么样的设备才能充分实现我们的设想。除了常用的三个固定的、倒三角式布置的传统机位以外，我们需要一个灵活的机位让整场晚会的表达更加活泼有力。我们有两个选择：斯坦尼康和摇臂。最初，团队选择摇臂作为我们实现抒情和大范围场面调度的机位，它的

优势在于有线传输较容易实现，但缺点是使用时需要占用较大空间，使用的同学如果经验不足，其安全性缺乏保障，而且摇臂的运动范围受其臂长和运动幅度的限制，不能灵活到达舞台深处或与表演者形成互动。因此，通盘考虑之后，我们选择使用斯坦尼康作为游机深入舞台深处，与演员进行更加灵活的互动。

但是，青岛本地没有专业斯坦尼康对外租赁，并且团队中也缺乏熟练掌握斯坦尼康的摄像师。鉴于此种情况，我选择使用DJI Ronin 2云台系统搭载索尼Fs-7作为斯坦尼康的替代，使用无线图传设备替代广播级的微波传输。相比斯坦尼康，DJI Ronin 2的灵活性较差，自身重量也较大，但它方便上手操作，不需要专门进行培训即可上手，比较适合我们当时的人员情况和经费预算。

图1　晚会拍摄现场

另一个难题是，校内使用的导播通话系统以及Tally系统都是以有线方式连接，要想让这个伪斯坦尼康真正实现在场上调度灵活、行走自由，必须要让我们的通话系统和Tally系统甩掉有线这个麻烦的“尾巴”。为此，我们在青岛找到了一家厂商，为我们的晚会提供了免费技术支持——无线导播通话系统和Tally。这个技术支持让导播系统有了一个最灵活的机位安排，给后面的导播台本设定提供了更多的可能性。

因为有了这个伪斯坦尼康，我们在舞台上设计了多个演员与机位深度互动以及一些舞台深处、角落中的特殊角度画面，使现场观众可以通过现场大屏看到更多超出观众视角的画面，增强了晚会现场的观赏性和趣味性。

前文提到，我们所确定的直播风格是“欢快与抒情并重”，到目前为止，直播方案的设备选择中缺少一个擅长表达抒情风格的机位设计，三个固定机位和“斯坦尼康”擅长的都是短线运动呈现。因此，我们根据现场环境和经费条件，又增加了一个轨道机位，来承担长线运动画面的呈现以及一些观众反应镜头的拍摄，并在轨道机位的周围安排了气氛组，带着灯牌、荧光棒等应援物料，使镜头画面中呈现出更热烈的现场氛围。到此，晚会基本的机位安排才算确定了下来（图2）。

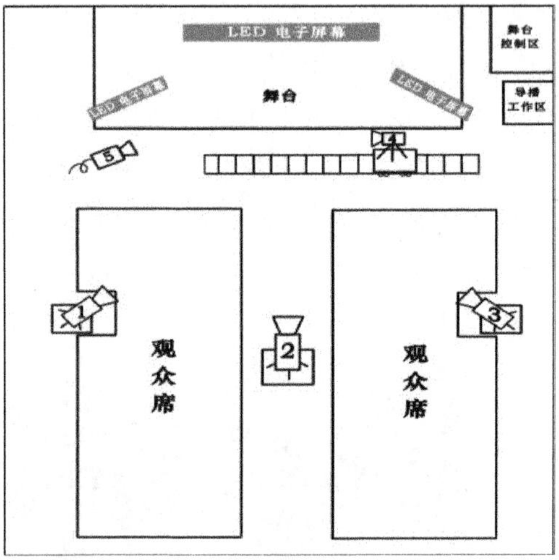

图2 《今夜20岁》晚会机位图

在多讯道直播的设备方案里，要尽可能遵循机位数目最小化原则，让每个机位在岗位上充分发挥作用，通过导播合理地调机，实现不同机位互相掩护，完成完美的画面转接。

确定设备方案后，我们制作了详尽的设备技术清单（见下表）。

文学系元旦晚会《今夜20岁》机位技术清单任务

机位序号	类型	镜头	支架	位置	主要任务
1	索尼4K高清摄像机	18倍镜头	大型三脚架	观众席左侧，高机位	舞台右侧演员中近景、舞台左侧演员动作特写
2	索尼4K高清摄像机	18倍镜头	大型三脚架	观众席中间走道，高机位	主机位镜头
3	索尼4K高清摄像机	18倍镜头	大型三脚架	观众席右侧，高机位	舞台左侧演员中近景、舞台右侧演员动作特写、舞蹈时肢体特写
4	索尼4K高清摄像机	18倍镜头	大型三脚架+轨道5节+轨道车一个	舞台前侧，低机位	舞台横向运动镜头、观众反应画面
5	索尼Fs-7	Super 35mm变焦镜头	DJI Ronin 2云台系统	游机	与演员互动画面、互动环节单人镜头

三、制定导播台本，是直播工作的蓝图

多讯道直播工作一直非常依赖团队的配合与协作，面对本次晚会复杂的制作流程和丰富的节目样态，团队内部准确高效的沟通是直播成功的重要前提。制定详细合理的导播台本，是团队内部统一思想、达成共识最便捷有效的工作方法，但这个制定过程并非一帆风顺。

主导播的同学在节目选拔初期作为导演之一参与了晚会初期的筹备工作，她从导播的角度给节目表演者提出了一些修改意见。以节目《无羁》为例，这原本是两个独立的表演节目——两位女生的合唱、一个男生的陶笛独奏，但在节目选拔时我们考虑到，这两个节目的舞台呈现效果比较空洞、缺乏表现力。对导播而言，单人节目反而难切换，这种难度体现在如何在舞美、灯光、环境有限的条件下，切出丰富而有张力的画面。因此，我们将这两个节目进行了整合：选择年度热播电视剧主题曲作为表演曲目，变成了一个新的“乐器演奏+女生合唱”的综合类表演节目。这是在节日筹划初期就降低导播台本设计难度、提升节日品质的一个典型案例，晚会当天，这个节目的表演效果相较最初版本也更加出彩。

当然，并不是所有节目都能完全按照导播的意志进行调整，对一些非常完整的节目，导播还是要尊重节目创作者的创作意图，配合节目表演者将最好的表演效果呈现出来。以晚会当天的开场舞《EDS QUEST》为例，这是一个表演人数多、调度非常复杂、节奏变化很快的街舞表演。在制定这一类节目的导播台本时，我们首先要根据这个节目的舞台调度将整个舞蹈分成不同的板块，推导出不同板块的导播链条，最终形成导播台本。面对调度复杂的节目时，一个专业导播要善于化繁为简，从复杂的表象中抽丝剥茧。图3为导播团队制定导播台本时通过舞蹈演员调度的变化绘制的演员站位图（部分）。清晰明确的站位图，是整理导播思路、团队沟通的有效方式。从站位图可以一目了然地看出不同舞蹈表演中主要表演人员的站位、行动轨迹，以开场部分为例，这一部分的时长为24秒，整个舞蹈团队的表演主体是位于舞台中间的领舞者，他除了手部的表演动作以外，最大的调度变化是原地的弹跳。领舞周围的舞蹈演员在原地不动，只有较简单的手部动作。舞台右侧的两位表演者在第一个部分中全程没有表演动

作。通过分析可以了解到这一部分的表现重点和难点在于捕捉领舞者的表演，尤其是领舞者弹跳时要保证摄像的画面能完整展现出领舞者的动作全貌。所以，这一部分的导播链条是：2号机（展现舞台全貌和交代总体站位）——1号机（领舞者中景和舞者周围的伴舞）——3号机（领舞者近景）——2号机（领舞者原地弹跳）——4号机（运动镜头展现队形变换）。

晚会截图	站位示意图
	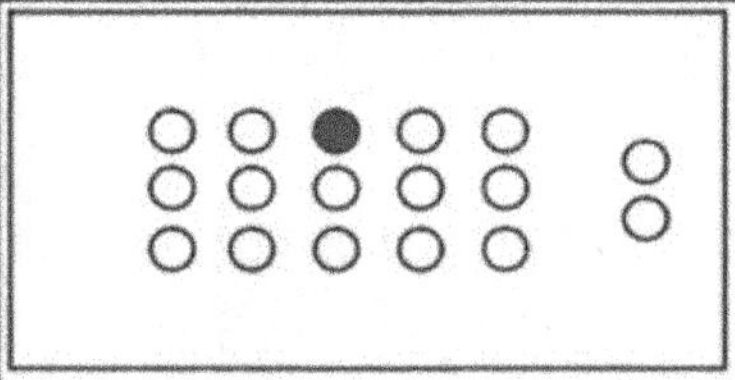
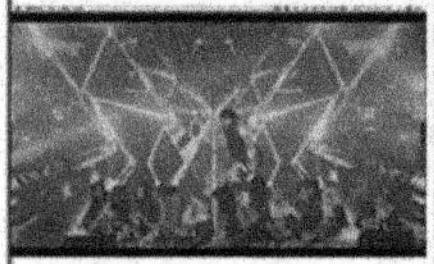	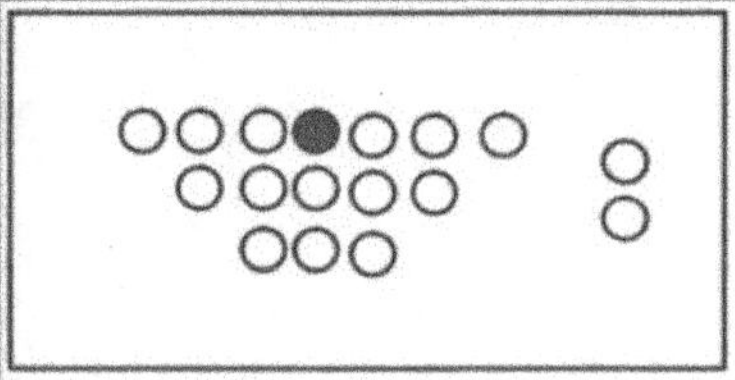
	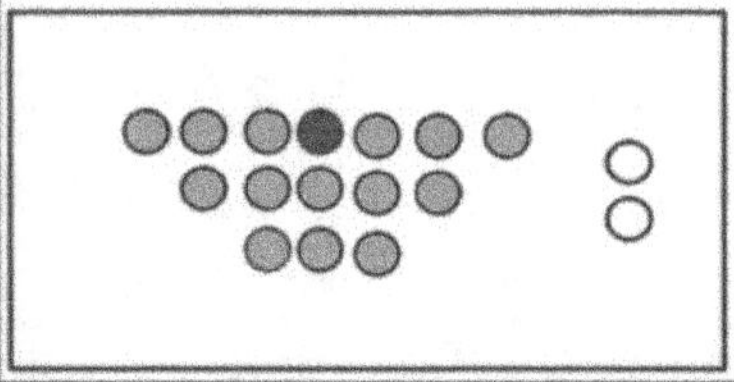
	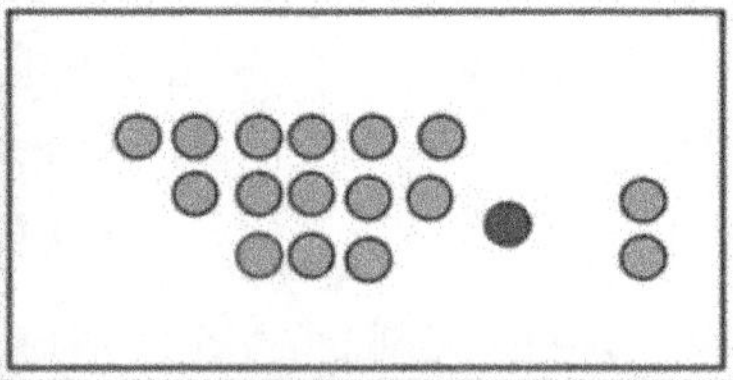
	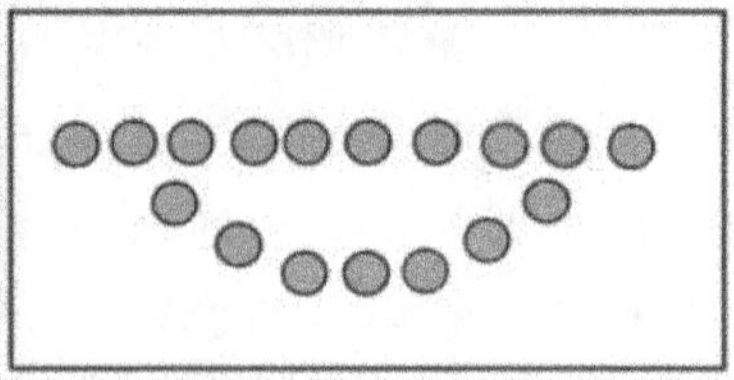

图3 开场舞《EDS QUEST》走位图（节选）

这次实践证明我们在平时教学中教授的分板块绘制站位图、走位图是行之有效的，它可以帮助导播团队中的每一个成员深入理解节目，与导播的切换思维保持统一，形成大的导播链条思路，再细化这个思路并制定出全面、细致的导播台本，充分展现出舞台精彩的表演效果。

从根据导播链条细化出来的导播台本对比可以看出，这一部分的导播台本设计来源于之前根据站位图设计出的导播切换链条“2号机——1号机——3号机——2号机——4号机”进一步丰富、细化而来的。在原链条的基础之上，为了切换节奏更快，更贴合演员的动作动势，又在链条中间加入了一些机位，使整个片段切换的角度变化丰富，节奏紧凑，扣人心弦。

四、面对现场，沉着冷静、临危不乱

导播这个岗位除了要能制定出详尽的直播方案以外，另一个要具备的重要能力是在现场及时处理来自各方面的信息，面对各种突发意外情况既要机敏又要沉着。我们很难保证每一次直播不出现计划之外的情况，一旦出现意外情况，格外需要导播具备临危不乱的专业素养，调动所有可以调动的资源、条件，保证网络直播的顺利进行。

以晚会当天的一个小插曲为例，我们为了保障录制，所有的摄像设备都选择使用连电方式进行拍摄，但在节目录制快到尾声时，突然在导播台中失去了3号机的画面。当时导播同学正在使用3号机的画面，播出信号一黑，导播迅速将画面切走，同时思考出现这种情况的三种可能性：(1)摄像机电源线路故障；(2)导播台SDI端口故障(曾在排练时偶尔出现)；(3)信号传输光纤故障。当时她不能离开导播台，而我作为指导老师，要尽最快速度排查故障。负责导播的同学沉着冷静地在通话系统中下达指令，让4号机和斯坦尼康机位代替3号机的工作任务，清晰地布置了新的拍摄任务，改变了原有的台本设计，保证直播顺利进行。

我在旁首先排查了导播台的3号机信号输入端口没有问题，之后快速跑向3号机的位置，3号机负责摄像的同学在通话系统里已经听到了导播同学告知他画面丢失，并且老师会前去协助他。当我到达3号机位置时，负责3号机的同学已经做完摄像机通电系统的排查。所以，问题基本锁定在了光纤系统，最后确认是光纤的供电插头被路过的观众踢掉了，导致光纤无法工作。整个过程中，只有在最开始很短的一秒钟时间里，切出的3号机画面突然消失，后面的一系列处理都非常快速和高效，整个团队配合默契，分工明确。

五、总结经验，反思不足

这一次晚会的多讯道网络直播让我们实现了很多在过去看来不可能实现的一些设想，不过事后再看，还是有不少遗憾和不足。

首先体现在舞台设计上。因为一开始在排练的时候，我们的摄像团队和舞台基本都在一个平面上，所以没有充分利用距离舞台最近的轨道机位。舞台边缘在做舞美设计时缺少美化，让几个返送音箱没有任何装饰地暴露在画面之中。将来我们要加强这方面的意识，可以在舞台边缘设计活动Logo或一些符合活动主题的装饰，这样在轨道机位运动时可以作为前景出现在画面中，增强画面层次感，同时在广角端横向运动拍摄时可以增强画面的动感。

其次，因为是第一次加入斯坦尼康机位，暴露出我们与斯坦尼康机位沟通不足的问题。虽然在一开始制订导播方案的时候确定了斯坦尼康的运动轨迹，但晚会当天出现了一次斯坦尼康同学调度临时变化，而导播同学按照原计划进行切换，出现了严重穿帮。在后面的实践中，一方面是教导承担斯坦尼康工作的同学要严格按照导播台本进行工作，另一方面，因为现场的突发情况，摄像有时难免会改变原有的计划，这时导播助理可以从旁帮助导播确定斯坦尼康的上下场，以免导播专注画面内容，来不及看场上斯坦尼康的走位，误判斯坦尼康已经准备下场，过早切到下一个机位，导致穿帮。

结　语

总之，笔者作为广播电视编导专业电视节目导播课程的任课教师，通过带领学生们完成《今夜20岁》晚会的网络直播，充分验证了我们平时的教学成果，充分利用现有教学硬件设施，调动所有内部和外部资源，让电视节目导播这门课程的设计思路得到了新的拓展。我们会把这次实践积累的成果转化成促进课程改革的动力，进一步推动课程体系的丰富和完善。

附：

《今夜20岁》元旦晚会导播台本(节选)

导播：成初薏　　导播助理：谢雨忻

1号机：刘小奇　　2号机：梁译霏　　3号机：王思远　　4号机：孙　帅

5号机：李　想　　轨道员：杨浩成

序号	机位	景别	内容	拍摄手法	备注
1	4	舞社侧全	舞社侧全	缓推3s	亮灯前，营造舞台气氛
2	2	小全	舞台正全	固定镜头	展现舞台全貌
3	1	腰上镜	左侧伴舞人员 领舞者	固定镜头	
4	3	腰上镜	右侧人员 领舞者	固定镜头	
5	2	腰上镜	领舞者原地弹跳	固定镜头	
6	1	腰上镜	左侧伴舞人员 领舞者	快速变焦急推	
7	4	小全	队形变换	轨道推	

新形势下北创学院思政课实效性提升研究*

王锡霞　刘晓东*

高校思想政治理论课是对大学生进行系统的马克思主义理论教育的重要阵地，开设高质量的思想政治理论课程（以下简称思政课），对提高大学生的思想政治觉悟，帮助学生正确处理好理想与现实、学习与工作之间的关系意义重大。如何在新形势下提高北京电影学院现代创意媒体学院（以下简称北创学院）思政课的实效性，是笔者一直苦思冥想的问题。

几年来的教学实践让我们深刻理解了思政课主讲教师身上所肩负的使命与责任，努力上好每一堂思政课，提高思政课教学实效，不仅有助于教师个人提高教学质量和思想政治觉悟，也是学院教学质量建设的重要一环，更对学生的成长、成才意义深远。

一、国内其他艺术类高校的思政课教学情况

研究课题获批后，笔者通过网络查询、实地走访、问卷调查、电话访谈等形式，了解了国内其他艺术类高校在提高思政课实效性方面积累的经验，以期获得有价值的参考与启示。

1. 北京服装学院：把歌曲应用到思政教学课堂。该校思政部在学校的资助下整理出200多首我国不同时期的代表性歌曲资料，应用到思政课教学中，结合这些歌曲对学生进行思想政治理论教育，有效提高了该校思政课教学的实效性。

---

* 本文为中共北京电影学院现代创意媒体学院委员会党建课题结项成果。

* 王锡霞：硕士，北京电影学院现代创意媒体学院基础部讲师，主要研究方向为艺术理论、高校思想政治教育。刘晓东：硕士，北京电影学院现代创意媒体学院基础部讲师，主要研究方向为艺术理论、高校思想政治教育。

2. 吉林艺术学院：搭建基于手机和网络的思政教育平台，进一步拓展了思政课教学的途径，提高了思政课教学的实效性。

3. 广西艺术学院：注重课内教学与课外教学相结合、艺术专业课实践与思政课教学相结合。为了提高思政课教学的广度和深度，该校还特别开发了学院新闻网站的思政教育功能，并努力打造各高校优势教学资源的共享共建。

4. 武汉音乐学院：重视思政课教师队伍建设，要求思政课教师不断加强艺术知识的学习，将艺术熏陶与思政教育有机结合，鼓励教师讲出自己的特色和水平。

5. 四川音乐学院：注重理论教学与实践教学相结合，在思政课实践教学环节将表演专业和非表演专业学生分开，分别进行有针对性的教学。同时，思政课教师每月组织一场学生论坛，倾听学生心声，与学生深入接触，以促进思政教育入脑入心。

6. 云南艺术学院：打造思政教学与艺术教育相结合的创新型教学模式，要求思政课教师熟悉并掌握大量的艺术知识，加强自身艺术知识积累，以进一步提高教学实效。

7. 北京城市学院：提倡专题教学，打破章节和教材，着力改革考核方式，从期末一次考核变为实行多次考核的过程考核模式，极大鼓舞了学生的学习热情。

8. 天津美术学院：把思政课的实践教学与学生外出写生相结合，努力开拓教学新模式，将思政教育融入学生日常的学习生活中，充分调动学生对思政教育的参与热情。

9. 中国戏曲学院：将学校思政课教学与社会热点相结合，教学内容与学生思想实际相结合，并借助学校新闻网站加强思政教学网络课程建设，激发学生的学习积极性。

10. 四川美术学院：从艺术教育的定位出发，探索形成了一套思想政治教育与艺术专业教学相辅相成的教育方法（“思政+艺术”教学模式），同时还积极探索知名艺术家跨界讲课模式，将大学生思想政治工作融入艺术创作活动中，使学校教学成为融思政教育、艺术教学和社会宣传等于一体的活动。

此外，笔者还带领课题组老师实地走访了北京电影学院、中国传媒大学、山东艺术学院、山东理工大学音乐学院，认真倾听了几所高校在思政课教学方面的经验，并利用业余时间在中国大学Mooc平台、网易公开课平台上学习了部分高校的《思想道德修养与法律基础》《中国近现代史纲要》《马克思主义哲学》等课程，深受启发，其中，武汉大学、浙江大学、中南大学、南京师范大学等高校的部分思政课值得吸收借鉴。

二、北创学院思政课调查情况分析

在对北创学院思政课教学情况进行调查时，笔者先带领课题组成员根据学院学生的实际情况，制定了一套较完备的调查问卷，对学院333名学生进行思政课问卷调查。问卷共发放333份，实际回收333份。其中，在“你喜欢思政课教师采用什么样的教学方式(多选)”调查中，建议按照教学大纲进行的有47人，占总人数的14.1%；建议开展社会实践的有185人，占总人数的55.5%；建议参观纪念馆的有145人，占总人数43.5%；建议看视频的有171人，建议同学讨论的7人。

为了获得更多的参考信息，课题组老师除了进行问卷调查之外，还利用微信、课下交流、咖啡厅座谈等方式，与北创学院学生进行了深入交流，获得了诸多提高思政课实效性的宝贵建议，也加深了师生之间的情感交流。

三、新形势下如何提升北创学院思政课教学实效

笔者在汇总、梳理各方数据和信息之后，对如何提高北创学院思政课实效性有了更多的思考。

1. 教师要进一步提高备课实效。思政课教师要不断增加自身的学识修养，在备课上精益求精，因为备课艺术的高低直接决定教学质量的优劣。作为一名思政课教师，备课是充分发挥教师主导作用、搞好教学工作的前提，因此，教师必须要吃透教材，做好教学过程设计，准备大量新鲜的教学资料，应用到教学中，教学过程中要注重亮点，注重旁征博引和师生互动。

2. 坚持学生的主体地位。相比于其他文理专业学生，北创学院学生更多表现出观察力敏锐、情感丰富、感性思维强、富有想象力等特点，然而，认知也往往停留在感性层面，理性分析能力相对不足，加上文化基础相对薄弱，专业情结浓厚而文化课意识淡薄，这使学院的思政课教学更加具有艰巨性和重要性。因此，思政课教师在教学过程中更要注重学生的个性特点，坚持学生的主体地位，以学生为本，既要遵循学生的身心发展规律，又要尊重学生的思想观点和个性尊严，体现师生间的尊重与平等。

3. 改革教学方式，做到理论联系实际，学以致用。在教学过程中，单向的说教和灌输会导致学生参与程度较低，限制了学习主动性的发挥。因此，我们需要不断拓展教学方式，结合北创学院学生的实际特点，倡导启发式、参与式、讨论式，采取课堂讨论、专题演讲、辩论、展示、社会调查和参观访问等教学形式，充分调动学生的学习积极性和主动性，使学生在主动参与过程中获得自我教育和提升。

经过与学生座谈交流发现，在思政课堂组织高效的课堂讨论是北创学院学生喜欢的授课方式，他们更偏爱在课堂上就典型历史事件、法律常识、社会热点、历史人物组织讨论，任课教师在讨论过程中能扮演多重角色，可以是组织者、参与者，也可以是引导者、调节者。

4. 更新教学理念、挖掘特色德育资源。思政课教师要不断创新教学理念，在充分尊重学生主体地位的基础上，根据学生特点与实际需求设计课程内容，树立“以情感人、以情动人、以情育人”的理念，使思政课围绕学生的困惑和需求，为其答疑解惑，体现北创学院思政课的感染力和亲和力；思政课教师要在课堂上充分挖掘学生的艺术才能，师生互动，营造和谐、轻松、有趣的课堂教学氛围。

音乐、美术、戏剧、舞蹈、戏曲等艺术作品中蕴含着丰富的中华优秀传统文化，是培育和践行社会主义核心价值观的重要载体，也是北创学院思政课的德育资源库。因此，思政课教师要从文化艺术视角切入，从学生的兴趣点着手，凝练艺术作品中的德育资源，将艺术资源融入思政课堂，将马克思主义理论寓于生动的艺术教育实践之中，让学生听得懂、能领会，实现“内化于心，外化于行”的思想政治教育目标，提高思政课教学的实效性。

结　语

经过对该选题的详细研究，课题组老师收获颇多：一方面，通过对北创学院学生的思政课调研，深入了解了学生对思政课的个体需求，获得了提高北创学院思政课实效性的宝贵建议，加深了师生之间的情感交流；另一方面，通过实地走访、网络平台获知国内其他高校特别是艺术类高校的思政课教学，使北创学院提高思政课实效性有了更多的借鉴和参考，拓宽了思政教学视野，厘清了今后的教学方向。

同时，课题组老师也深刻地认识到，学无止境，教亦无止境。思政课教师在今后的教学过程中，要不断更新教学理念，坚持实践与理论相结合，把提高学院思政课教学实效当作今后教学工作的重中之重，用自己的实际行动为北创学院教育教学事业作出应有贡献。

参考文献

1. 刘宁：《增强艺术院校大学生思政课获得感的措施与方法》，《黑龙江科学》2017年第19期。
2. 黄静：《高等艺术院思政课数字化教学的创新研究》，《教育教学论坛》2019年第8期。
3. 王预震：《艺术学院思政课实践教学时效性存在问题及对策研究》，《美术与设计》2014年第6期。
4. 刘美红：《文化在艺术院校思政课教学中的运用研究》，《吉林广播电视大学学报》2018年第7期。
5. 周艳康：《基于"微时代"背景下"95后"大学生思政课实效性探索》，《亚太教育》2016年第27期。
6. 潘伟：《以习近平新时代中国特色社会主义思想为指导，努力提高艺术院校思想政治教育的实效性》，《南方论刊》2018年第10期。
7. 肖姣平：《增强思政课教学实效性的关键：培养学习兴趣》，《大学》2017年第1期。
8. 孙喜英：《提升思想政治理论课实践教学实效性的策略研究》，《河南科技学院学报》2013年第4期。

浅谈歧义现象与英语教学

包琳娜*

任何语言都有歧义，英语也不例外。从交际效应角度出发，英语交际过程中出现的歧义现象可分为蓄意歧义和无意歧义。歧义所导致的语言层面和语义内涵的差异令学习者困惑，因而在交际活动中构成理解障碍。

一、英语歧义现象

语言是一种约定俗成的社会现象，并不是人们根据科学规律创造出来的。因此，语句和语义之间没有一种必然的一一对应关系，不同的语句可以表达相同的思想，而同一语句也可以表达不同的意义。大部分语言工作者认为，如果语句在结构上遵循语法规则、语义上符合逻辑常理，其深层包含两种或两种以上的释义，则会出现歧义（Ambiguity）。英国语言学家Leech将歧义定义为“一个语言项目具有一个以上的认知意义”。歧义现象在交际过程中又分为无意歧义（Unintentional Ambiguity）和蓄意歧义（Intentional Ambiguity），前者是由于语言使用者本身或语言结构自身的缺陷而导致交流受阻的语言现象，是语言矛盾的自然显露；后者是说话人对于语言结构矛盾的积极利用，它通过多种语言手段在语音、词汇、句法、语境等层次上反映出来，以达到特定的交际目的。

歧义的产生要具备语义、句法和语用三个条件，这三个条件是一个有机统一体，互相影响，互相制约。语义上的多义性为歧义的产生奠定了基础，句法则为歧义的产生提供了条件，而语用则为语义和句法所引起的歧义提供了合理解释的多种可能性。本文主要从语音、词汇和句法三个方面

* 包琳娜：北京电影学院现代创意媒体学院基础部讲师，主要研究方向：英语教学。

阐述英语无意歧义现象，并结合实际教学分析和总结排除歧义的方法。

二、无意歧义与交际教学

1.语音歧义(Phonetic Ambiguity)

英语中有许多同音异义词(homophone)，即：两个词的发音相同，而拼写和意义不同，如〔mi:t〕可能是meet，也可能是meat。同音异义词的存在极易给口头交际带来障碍。

"Mine is a long and sad tale!" said the Mouse.

"It is a long tail, certainly," said Alice, "but why do you call it sad?"

这段文字的幽默在于tale和tail都读为〔teil〕，是同音异义词，而Alice的谈话对象又是一只老鼠，难免会造成误解。有时，在快速交谈时，不同的词或词组可能由于连读而产生耳误，如：A name/an aim，a nice man/an ice man，grade A/grey day。词的重音变化也会引起词义变化，如re'fuse(拒绝)/'refuse(垃圾)，ob'ject(反对)/'object(物体)，特别是复合词的重音变化更易造成误解，An English teacher究竟是a teacher who is English还是a teacher who teaches English?

另外，重读、语调、意群及停顿都是影响语义的不可忽视的因素。I beg your pardon.(同降调)对不起，请原谅。I beg your pardon.(升调)请再说一遍，我没听清。

由此可见，语音是用语言表达思想，达到交际目的的重要因素。丰富的语言知识有利于我们正确表达和理解语言。反之，如果我们忽视语音，发音不准确、不清楚，说话语流过快，都会造成听觉理解上的困难，给交际带来障碍。

2.词汇歧义(Lexical Ambiguity)

词汇引起的无意歧义有两种形式：具有多个义项的一个词和拼写相同的多个词。虽然孤立状态的多义词会有多个词义，但在交际教学中，学生接触的语料都有语境相随，起到制约的作用，因而大多数情况下，只有一个词义适合上下文，但如果语境对多义词制约不够严格，就会出现无意歧义。如：She can't bear children, so she never talks about them. 可释义为(1)她不能生小孩，所以也从不谈论孩子。(2)她不能忍受孩子，所以也从不谈论这个话题。

词汇歧义形形色色，这里只略举数例：

Look out! There comes the train!(当心！火车来了！/看外面！火车来了！)

They passed the notice in the dark.(他们在暗中传递着通知。/他们在黑暗中传递着通知。)

He turned out a wounded soldier.(他赶走了一个受伤的士兵。/他原来是个伤兵。)

这几个例子都是同形同音异义词(组)。有时，词(组)有本意和转义之别而造成歧解：

We saw the light(我们看见了灯。/我们明白了。)

He is well-known for his long face.(他因脸长而著名。/他因常闷闷不乐而著称。)

We were standing by the moment he lay low.(他伏下身那会儿我们就站在旁边。/他下葬那会儿我们就在旁边。)

甚至有些词(组)的肯定与否定形式各有一解，如：A dress that is much worn.(一种很流行的服装式样/一件穿旧了的衣服)。

但是，I want a cloth that will wear. / I want a cloth that won't wear. 两句的意思是一样的，意思是：我要一种耐穿的衣料。之所以wear的意思变化多端，是因为它既有“磨损、穿破”的意思，又有“耐磨、耐穿”的意思。同样身兼相反两义的还有overlook(监视，查看；忽视，不看)等词，而有时一词会兼褒贬两义于一身，如：pride, proud; envy, envious; ambition, ambitious等。仅以ambition为例：(1)Her ambition was to be a famous singer. 她的理想是成为著名的歌唱家。(2)Hitler ambition was to conquer the whole Europe. 希特勒的野心是要控制全欧洲。

在日常交际中，字面词义和意向义往往相差很大。因此，在交际教学中，教师应将语言结构和词汇学习与语境相结合，使学生根据不同的语境产生不同的联想；不同的语气声调也会承载不同的信息，教师可以有侧重点地对学生进行专题练习，如将此类词汇作一列表，辅之以不同情景，让学生体会使用这些词汇进行信息传递时，产生的不同理解和反应。

3.句法歧义(Syntactic Ambiguity)

美国语言学家Roberts曾指出:“这种因句法规则使用不当而引起的句法歧义是由于人们忽视使用表明句子结构的句法代号而引起的。”下面是几种常见的句法结构引起的歧义现象,以及笔者建议的消解对策。

(1)名词(动词)+动词(名词)

这是由于某词在句子中的词类解读不同而造成的无意歧义。例如:Our club demands change.很明显,demands和change都可以被解读成不同的词类,既可以是名词,又可以是动词。那么在实际交际中,就有可能被理解成:

①Our club demands to have some change.

②The demands of our club are not the same as before.

为了避免这种类似的误读现象发生,我们可以指导学生使用某些句法代号来表明这些易混词的词类。如在demand前使用情态动词will,demand词尾加一般过去时的后缀,change前加a或some。也可在demand前加限定词the,或在change前使用情态动词,这样使之分别呈现出名词或动词的特征。

(2)修饰词+名词

English teacher是在交际教学中时常引起歧义的一种现象,它既可能是1)一位教英语的老师,也可能是2)一位来自英国的老师。要限定English teacher是表达1或表达2的意思,关键在于明确它是复合名词还是有修饰语加名词组成的名词短语。在交际教学中,教师可以指导学生依靠重音模式来区分上述不同结构。如果重音模式为主重音—第三重音(primary-tertiary stress),则表示1的意思,即English teacher是复合名词;如果重音模式是次重音—主重音(secondary-primary stress),English teacher就成为名词短语,表示2的意思。因此,教师可以通过帮助学生理解怎样在交际中使用不同的重音来强调、区别自己想要表达的重点。另外,也可以通过常识和交际语境来进行推理。

(3)动词词组+名词宾语

下面也是引起语言歧义现象比较典型的句子:The doctor looked over my head.句中的over是副词还是介词?如果是副词,则和动词组成复合动词,意为examine quickly;如果是介词,则和后面的名词组成介宾短语，意为look above。因此这种句子在交际中会有两种解读：1)医生检查了我的头。2)医生从我头顶看去。避免和消解这种歧义现象，可以提示学生：over一词在句中如果用次重音并且在over前不用持续连音，那么，听者就会将over理解为副词，而词组为复合动词词组，反之，over一词在句中使用第三重音，并且over之前使用持续连音，听者就会把它理解为介词，与其后的名词组成介词短语。

(4)名词+修饰语+修饰语

如果名词后面紧跟两个修饰语，其中第二个修饰语既有可能修饰名词，也有可能修饰第一个修饰语。如：I visited the woman with the kid who was sick. 其中who was sick是修饰the woman还是the kid?

另一种容易造成歧义的结构是修饰语+名词+名词，这时使人迷惑的是修饰语到底修饰哪一个名词。如：young women and men，就有两种理解方式：年轻女人和所有男人；所有年轻的男女。在交际活动中，为避免这种歧义，可以指导学生使用正确的停顿和连续连音，以及调整词序等方式，控制歧义现象的出现。

三、蓄意歧义与交际教学

无意歧义会给语言交际活动带来障碍甚至损害，是语言结构矛盾的显现。当语言教学中出现由无意歧义导致的语病和误解时，教师应提醒学生注意避免。但万事皆有利有弊，如果对语言结构矛盾加以积极利用，又会产生一语双关的效果或达到特殊的交际目的。这就是我们要讨论的蓄意歧义。

在交际活动中，最令学习者感到难以琢磨的应该是语言幽默，而它的根本特征就是利用语言上的歧义。它常常是说话者的故意安排，通过多种语言手段在语音、词汇、句法等层次上反映出来，利用语言细微的差别达到耐人寻味或出其不意的戏剧效果。

1. 比喻，特别是隐喻(metaphor)。例：She is a peacock in everything but beauty. 她除了不像孔雀美之外各方面都像。/她除了不美之外，各方面都很骄傲。此句用peacock作隐喻的喻体，使人联想到“美丽”“骄傲”，用孔雀的美丽外形和骄傲习性比喻她的外貌和人品，形象生动。

2．双关（pun）是利用语音相同、语义不同的情况，使某些词语或句子在特定的语境中带有明暗双重意义，词语的同音可以构成谐音双关，词语的多义性可以构成词义双关。例：A farewell to arms是美国小说家厄内斯特·海明威的一部小说的名字，其中用了arms这一多义词，既可以指武器，也可以指双臂。小说主人公在经历战争后，看透了其丑恶本质，逃出战场，告别武器，但是他的爱人最后因难产死去，他也没有得到象征爱情的女人的双臂。这样的书名可谓一语双关，独具匠心。

3．反语（irony）就是说反话，用与本义相反的话语表达本义。理解反语时，需要注意字面意义和本义的对立性，否则就会造成误解，不能领悟反话表达的讥讽、厌恶、不满、责难和威胁等情绪。例：He was not a notorious criminal, have been put in jail only twice and fined only four times for trifling oversights. 从字面看，意思是“他并不是一个声名狼藉的罪犯，因为他只关过两次监狱，因为鸡毛蒜皮的疏忽才罚款四次”，但本意是“他的确是个声名狼藉的罪犯，入狱两次，四次因重大错误而罚款”，not a notorious criminal, only, trifling oversights都是反语，辛辣讽刺，一目了然。

4．委婉语（euphemism）是用一种使人感到愉快或含糊的说法来代替一些令人尴尬或不悦的表达方法。例如：funeral parlor（殡仪馆）——dead house（停尸房），mental health center（心理卫生中心）——mad house（疯人院），senior citizen（高级公民）——old people（老人），special students（特别学生）——disabled students（残疾学生）。

5．幽默效果（humor）。

“Fourth floor, please.” said the passenger to the elevator.

“Here you are, son.”

“How dare you call me, son?”

“I brought you up, didn't I?”（我带你上来的，不是吗？/我把你养大的，不是吗？）这里elevator的回答就是利用双关达到了交际中的幽默效果，及时缓解了对话中的紧张气氛。

日常英语教学中难免会遇到各种歧义现象。在教学中需要系统地引导学生树立起歧义的概念，要求学生在语言的实际运用中了解其寓意，从而消除交际障碍。

四、学生的歧义容忍度对课堂英语教学的影响和启迪

歧义容忍度是指接受不明朗的情况，如第二语言学习中遇到的语义不明、所指不清、发音含混等现象。如果没有容忍度，就会增强焦虑感。有一定容忍度的学生往往更能坚持学习，富有冒险精神的学生较少犹豫，说话前很少打腹稿，更愿运用复杂的语言结构，更能忍受错误（Ellis 1994）。一般来说，讲母语的人很少会遭遇语言歧义，他们在接受母语输入时，无论是书面的还是口头的，基本上可确定输入语（linguistic input）的意思，不会怀疑输入语的句法错误，没有必要因日常用语的发音正确与否而烦恼，也不用担心会在任何一种交际场合中用错词或用错句。

但学英语的中国学生却常常面临着语言歧义现象，比如，学生之间或和外教、中方老师用英语进行交流时，如果没有听懂某一词的发音和意思，就会立刻感到不安和焦虑，既为歧义造成的交流中断而慌乱，也为担心遇到更多的含混歧义可能使交流进行不下去而焦躁：他们疑虑这个词是否以前没有学过？还是虽然学过但因发音过快或连读而不解其意？抑或是没有见过的俚语或方言？他们心里犯嘀咕，然而碍于自尊和面子，又不愿承认自己不懂而请教别人，再加上有些学生不弄懂就无法忍受，以致无法继续进行交流，这类学生追求尽善尽美，容不得一丁点儿歧义含混现象，可是学外语不可避免地会遇上语言的歧义或含混，因此我们把这类学生归入不能容忍歧义（intolerance of ambiguity）的学生。

Budner（1962）曾把不能容忍歧义定义为："将含糊的（如新奇的、异常的、复杂的或难以解决的）情况视为威胁的一种倾向。"Norton（1975）将该定义更加完善化，认为这是"将模糊的、不完整的、片段的、多重的、大概的、未经组织的、不确定的、矛盾的、相反的、相抵触的或语义不清晰的信息视为或解释为实际的或潜在的能造成心理上不安或威胁的一种倾向"。

与不能容忍歧义的学生相对应的是耐歧义（tolerance of ambiguity）的学生，他们通常更具有冒险精神，更愿意接受新的、不断变化的语言知识和形式。Ellis（1994）将能容忍歧义（tolerance of ambiguity）解释为"一种在接触模糊的、全新的语言刺激时既不感到沮丧也不屈从于权威的能力，它允许有一定的不确定状态存在，而并不一味追求严格的分门别类"。

一般情况下，能容忍歧义的认知方式是语言学习者一个值得肯定的特征，有助于提高学习效率。其原因在于：学习者所感受到的语言上的模糊、歧义会抑制学生的冒险欲望，从而阻碍他们去尝试新的、动态的并不断变化的语言，同时也妨碍了学生采用新的学习策略；如果学生能容忍语言上的模糊歧义，那么学生就会像儿童那样无所顾忌，课堂上积极参与，很乐意大胆尝试，也很少有焦虑情绪产生，语言水平进步明显。这也正好从一个侧面解释了为什么儿童学语言要比成人学得快、学得容易。可见，歧义容忍度在外语学习中起着比较关键的作用。

外语教师如果能在外语教学中根据学生的个体差异，因材施教，帮助学生排除外语学习中产生的焦虑心态和恐惧心理，使他们正确认识和适应外语学习过程中产生的歧义现象，有意识地去培养和提高他们的歧义容忍度，学习效果将会事半功倍，少走不少弯路。学生们的歧义容忍度有高有低，教师不能偏爱，要一视同仁，把自尊的培养放在首位，特别是对歧义容忍度低的学生，教师要给予更多关心和重视：给他们“加餐”，加强训练，鼓励他们向师求教，向歧义容忍度高的人学习。

教师在讲解时要努力做到深入浅出，单次涉及的语言难点和重点不要太多，必要时可以借助母语帮助他们消除或缓解因陌生的词句而产生的心理不适感，从而使歧义容忍度低的学生提高自信心和英语水平。再者，在教学过程中，教师可对学生进行一些技巧补偿，对课堂上的疑难问题少做灌输性讲解，只提供适当的提示和引导，把问题留给学生自己去探讨、归纳和总结，让学生成为解决问题的决策者和语言的组织者，从而培养他们成为学习的主人。

下面结合语言教学实际，探讨排除歧义的基本方法。

五、在以交际为目的的实际教学中如何排除歧义现象

歧义是语言使用中经常出现的现象，因此，要把它从语言中彻底消除是不可能的，更何况歧义句的出现并不一定总是不好。有些艺术大师在文学作品中故意使用双关语和幽默，造成歧义，以博众人一笑。但在交际中，有时出现大量歧义句纯属一时疏忽，是无意识造成的，这些歧义句的存在无疑是有弊无益，必须排除。

1.语法手段

在书面语中，我们可以依靠语言能力，运用句法知识，采取改变词语、改变语序、扩张句子、改变句型等方法排除歧义。如：I saw her reading a book in the library this morning. 如果我们把这一例中的介词短语前移，就不会被介词短语在句中的功能所困扰。In the library, I saw her reading a book this morning. 此句不存在歧义。写文章力求言简意赅，但有时为避免歧义我们不得不通过扩张句子的手段来进一步解释所表达的思想。如前例：She can't bear children. 这是个歧义句，若将原句扩张为：She can't bear children if they are noisy. 或 She can't bear children because she is sterile. 句义就明明白白了。

2.语音手段

在言语交际中，语音、语调等起着重要作用。依靠丰富的语音知识，我们不仅可以避免口语中的失误，也可以消除一些书面语中出现的歧义。英语中的语调包括升、降、降升、升降调，口语中语调是人们辨义的重要依据。I didn't give her anything. 用降调，句义是：I gave her nothing. 若用降升调，则有 I gave her something special 的含义。英语中的每个句子都有一个最突出的重音，正确使用语调重音有助于排除歧义。英语中的每个句子在口头表达中都是由一个或几个语调群（tone group）组成，正确划分语调群有助于排除语法结构歧义。

3.语境手段

语境对于英语歧义的确定有着重要意义，语言形式所表达的意义必须依赖于它所使用的语境才能得以确定。语境可以分为广义语境和狭义语境，广义语境指与言语交际相关的整个自然、社会和文化环境，狭义语境则指上下文，即词组语境、句子语境、段落语境和篇章语境。如“Afghanistan's occupation”是指“阿富汗占领其他国家”还是“其他国家占领阿富汗”？这个句子是由于所有格的使用而产生了歧义。但如果知道 2001 年美国打击阿富汗塔利班政权这种广义语境，自然就会消除歧义。

此外，语言不仅是一个符号系统，而且是一种文化载体，语境制约着单位语言的选择、意义的表达和理解。因此，知晓语境对正确理解语言形式起着至关重要的作用。例如，我们今天所说的 Broadway，不仅指一个地理概念，而且指美国戏剧艺术的精粹。语言形式和意义的用法都与语境有着密切的关系，我们在教授语言时，应给予极大的重视。

六、英语歧义现象对英语教学的启示

1.改革英语传统教学模式

传统的综合英语课教学较注重传授语言知识，因而被当成一门知识型课程，这样，教师在课堂上主要注重词句讲解，学生则被动地接受教师所传授的纯语言知识。通过对英语歧义现象及其原因的分析，我们发现，在教学过程中我们不应只注重培养学生接受纯语言知识的能力，而更要注重培养他们掌握语境知识的能力和积极思维的能力；教师应采用启发式教学法，层层引导，步步深入，培养他们利用已有的知识解决学习中出现的问题。

2.注重语境知识的教学

语境知识的教学直接关系到学生学习语言的方法、目标方向和实际能力。我们的课堂教学一般集中于句内分析，即详细解释个别词和短语的意思和用法，分析句子成分，忽略了跨句间的分析和对组篇方式的认识，未充分引导学生利用宏观层次的线索去理解语篇。正如《全国非英语专业四、六级考试大纲》所指出的，教学活动不仅要重视句子上的训练，还要发展语篇上的交际能力，既要重视句子的教学，又要进行语篇层次的教学。另外，在教学中除了讲解语言本身，向学生讲授或引导他们去查找有关背景知识也是非常重要的，这一点在我们的英语教学中尤其需要重视，因为不同民族具有不同的文化背景，他们在价值观念、风俗习惯等方面往往不尽相同。在跨文化交际中，缺乏背景知识所造成的障碍绝不比语言隔阂小，所以，英语教学的过程也是一个文化教学、理解不同民族文化差异的过程。

总之，在英语教学中教师必须充分认识到语境对于英语学习者的作用，充分挖掘教材，把语言教学与认识文化结合起来，培养学生在语境中正确理解和运用语言形式的能力。

3.注重专门训练，培养英语思维

正确地思考比掌握知识更有价值，思维能力可以说是英语学习者必备的素质。思维能力一般包括两方面的含义：其一是直接运用外语思维的能力，传统的外语教学在教与学的过程中，无论是教师还是学生总是习惯于以母语为媒介，忽视了直接运用外语思维能力的培养；其二是英语学习者的综合思维能力，传统的英语教学是一种大量体现技能训练的过程，容易出现填鸭式、死记硬背等不利于思维发展的教与学的方式，导致学生缺乏运用知识独立分析和解决问题的能力。英语教师应高度重视学生综合思维能力的培养，这是切实提高英语水平的根本所在。例如，我们在讲解文章时，应注意对学生推断和联想能力的培养，鼓励、启发和引导学生在阅读过程中拓宽思路，从不同的角度和层次去开动脑筋，努力从“无关”中悟出“有关”，从“无意义”中读出意义，而不是把正确的理解一下子直接告诉学生。

结　语

总之，歧义是一种独特的语言现象，对其加以研究，有广泛而切实的意义。无意歧义会造成交际活动的障碍，应避免、消解和排除，而有意歧义的巧妙使用，可以达到特殊的交际效果。交际教学强调在语言使用中进行语言学习，交际活动中产生的大量语料为歧义研究提供了活的研究素材。因此，将英语歧义研究与交际教学相联系，无疑具有教学和语言学两方面的意义。

参考文献

1. Anderson S. Schwarts. A Intolerance of ambiguity and depression [J]. Social Cognition, 1992.

2. Kempson. R.M. “Ambiguity and Word meaning”, Studies in English Linguistics [M]. London: Longman Group Ltd. , 1980.

3. Ellis.R. The Study of Second Language Acquisition [M]. Oxford: Oxford University Press, 1994.

4. 陈汉生：《基础英语中的几种歧义现象》，《外国语》1995 年第 1 期。

5. 何建芬：《英语歧义的产生》，《天津外国语学院学报》1997 年第 2 期。

6. 秦洪林：《歧义与模糊辨析》，《徐州师范学报》1993 年第 2 期。

7. 邱述德：《英语歧义》，商务印书馆，1998 年。

8. 沈家煊：《英语中的歧义类型》，《现代外语》1985 年第 1 期。

9. 王洪跃：《英语句法歧义比较》，《河南师大学报》1993 年第 5 期。

10. 文炼、允贻：《歧义问题》，黑龙江人民出版社，1985 年。

11. 周红专：《英语歧义形成因素之我所见》，《长沙交通学院学报》1996 年第 12 期。

学生考核成绩非正态分布初探

王　旭*

考核是教育测量和评估的一种工具，是高校教学过程控制的重要环节之一，是衡量教学效果、保证教学质量和调控教学过程的重要手段。在教育评估过程中，考核成绩绝大多数遵从正态分布。笔者结合北京电影学院现代创意媒体学院的学生成绩分布现状，利用成绩正态分布的有关知识，对课程考核成绩的非正态分布进行了初步探析，以期有所用。

一、学院学生课程考核成绩分布现状

笔者结合每个学期的教学检查情况，从正方教务管理系统中导出了学院近四年课程考核成绩的数据，并且进行了梳理，统计结果如表1所示。

表1　学院各学期课程情况统计

类别 学年学期	学期总课程门数	优秀人数比例超过80%的课程门数	前一项占总课程门数的百分比
2018—2019学年第二学期	227	117	51.5%
2018—2019学年第一学期	255	137	53.7%
2017—2018学年第二学期	212	99	46.7%
2017—2018学年第一学期	221	118	53.4%
2016—2017学年第二学期	202	97	48.0%
2016—2017学年第一学期	226	127	56.2%
2015—2016学年第二学期	180	62	34.3%
2015—2016学年第一学期	196	104	53.1%

注：优秀人数即每门课程得分在80分(含)以上的学生人数。

优秀人数比例即每门课程得分80分(含)以上的学生人数占该课程总人数比例。

本数据覆盖的课程有必修课、实践课、实验课；本数据的成绩以正考成绩统计，不包含补考及重修成绩。

* 王旭，硕士，北京电影学院现代创意媒体学院教务处考务科负责人。

从表1中的数据可以看出，虽然每个学期总课程门数略有不同，但每个学期的课程考核成绩总体呈非正态分布，分数偏高，呈负偏态分布。

二、考核成绩的正态分布

众所周知，根据教育统计学原理，考核成绩的分布应该是正态分布。正态分布（Normal Distribution）也称“常态分布”，又名高斯分布（Gaussian Distribution），是指某一连续随机变量的取值受到许多随机偶然因素影响时，其概率分布曲线的形状服从正态分布，也就是我们经常提到的“两头小，中间大”。

研究证实，自然人群中个体智力分布特征处于中等智力水平附近的个体数量较多，由中间向两端（智力低下和智力超强）数量逐渐减少，从形态上看是一条单峰、对称呈钟形的分布曲线，该曲线符合统计学上的正态分布。对于课程考核成绩分布，常见的成绩分布规律有正态分布、正偏态分布、负偏态分布三种情况。简单地讲，正态分布表示学生成绩分布正常，试题合理；正偏态分布表示学生成绩偏低，试题偏难；负偏态分布表示学生成绩偏高，试题偏易。

从表1中的数据可以看出，学院大部分课程考核成绩呈负偏态分布。导致成绩呈非正态分布的因素很多，在正常的教学过程中，课程考核成绩受学生智力影响较大，应该呈正态分布，但教学过程中的任何一个教学环节都会成为课程考核成绩呈非正态分布的变量。

三、考核成绩非正态分布原因探析

考核成绩在一般情况下应呈现正态分布或近正态分布，而出现的非正态分布不论正偏态分布还是负偏态分布都不能客观反映学生实际的知识水平与能力。笔者从学院的办学特殊性和教学实际情况出发，从以下三个方面进行了初步探析。

1.教学大纲的不确定性

教学大纲又称学科课程标准，指学校每门学科的教学纲要，包括这门课程的教学目的、任务，教学内容的范围、深度和结构，教学进度以及教学法上的基本要求等。有些课程的教学大纲还包括参考书目、教学仪器、直观教具等方面的提示。教学大纲是编写教科书和教师进行教学的主要依据,也是检查和评定学生学业成绩和衡量教师教学质量的重要标准。

学院经过八年多的教学实践,按照学院特有的学科专业建设思路和专业发展思路,形成了以艺术学为主,涵盖艺术学、管理学、法学、文学4大学科门类,学科专业交叉融合发展的局面,目前学院有23个本科专业。在不断创新和探索发展的过程中,各学科的教学大纲会结合我国电影产业的大环境以及学院的教学实践进行变化和修订,甚至废止。教学大纲的更新修订会造成各任课教师调整教学目的、教学要求、教学内容以及讲授、实习、实验的不断变化,这一系列变量会影响课程最后考核的难易度,进而导致课程考核成绩呈非正态分布。

2.学院办学特色的特殊性

学院的办学定位是建设国内一流的应用技术性影视高等艺术院校,所以,坚持采取小班上课,很多课程的学生不超过20人。从教育教学规律以及课程考核成绩正态分布的规律来讲,考核成绩的正态分布也取决于学生人数的多少,当然,人数越多会越趋向于正态分布规律。学院的小班化教学(甚至有的授课班级学生人数为个位数),使考核人数达不到成绩正态分布的数值量。

此外,学院的实践类课程教学比例高,多数专业45%以上课程为实践教学环节,设立集中实践教学周,用于学生创作、采风、写生、调研等社会实践活动。

课堂教学的小班化以及基于学院艺术类特色的实践课程居多,使课程的考核形式不拘泥于单一的试卷考试,每学期以交作业为考核形式的课程约占80%。在实践类课程中,学生相对容易掌握基本技能和技巧,如果任课教师不能给予合理而详细的考核细则和评分标准,考核成绩的分布很容易呈非正态分布。

3.教师对课程考核缺乏足够重视

学院的青年教师居多,40岁以下教师占80%,多数青年教师没有意识到课程考核是教学过程中不可或缺的组成部分,没有意识到考核成绩是对教学效果的一种重要反馈和检验,有的教师在结束授课内容之后，不依据教学大纲及教学内容要求，草草完成课程考核。

笔者在教学检查过程中发现，很多教师对课程考核的要求和课程的评分标准都没有清楚的区分和认识，不清楚课程考核的目的，在考核内容广度和深度上不能体现教学大纲的要求，不能较全面体现本门课程的基础知识，包括最重要的概念、最基本的理论和最基本的技能。在评分过程中，有的教师碍于师生情面或者“护犊子”心理，不能客观公正地给出考核分数。教师的个人因素也是考核成绩呈非正态分布的原因之一。

四、考核成绩正态分布的意义

课程考核是检验学生学习情况的有效方和重要手段，也是学生参加奖学金评比、进行学籍处理的主要依据。学院自采用五级制记载成绩之后，学生的平均学分绩点差距很小。学院设置的奖学金有7项，奖额高，每学年总额能达到200万元以上，而呈正态分布的考核成绩便于选拔优秀，有利于学院奖学金的评定，提高学生的学习积极性，有利于学院学风、教风和考风的建设。

在现有教育体制中，任何形式的教育都要遵循一定的教育教学规律，课程考核成绩一般都呈正态分布，运用正态分布科学地评析学生的成绩是一项有意义的工作，也是高校教学过程控制的一个重要环节，是检测和评价教学质量、调控教学过程的重要手段。对于教学管理而言，可以了解教和学的情况，及时发现教学工作中的问题，为教学管理和评估提供必要的资料。

参考文献

1. 饶乐三：《学生成绩是正态分布的吗？》，《江苏高教》1992年第1期。

2. [美]M.R. 斯皮格尔、J. 希勒、R.A. 斯里尼瓦桑：《概率与统计》（第二版），孙山泽等译，科学出版社，2002年。

建立影视声乐教学新类型

徐　真*

声乐课是影视表演专业的基础课程之一，目的在于培养学生的音乐修养、歌唱能力以及对声乐作品的理解和感受能力，使他们在以后的电影表演实践中能有机地运用声乐手段，塑造人物形象，加强艺术感染力。

就目前国内其他影视院校的声乐教学而言，有的沿用专业音乐系的声乐教学方法，有的采用演唱音乐剧的形式。实践证明，这两种模式在我系并不适合，因此，我们必须探索新的声乐教学体系、建立影视声乐教学新类型，本文从教学改革的必要性、教学改革的具体实施展开论述。

一、教学改革的必要性

1.培养目标的内在需要

表演专业以培养优秀演员为目标，学生学习声乐、提高演唱水平，归根结底也是为了服务于最终的人物形象塑造，这与音乐学院培养优秀歌唱家和师范院校培养优秀音乐老师截然不同。培养目标的不同，决定着教学内容、教学方法、教材选用等一系列具体问题都有所不同，因此，无法沿用音乐系的声乐教学模式。

2.学生情况的现实制约

与音乐系学生相比，影视表演专业学生在声乐演唱水平、音乐素质等方面有着不小的差距。表演专业的入学考试是选拔有资质成为优秀演员的学生，声乐作为其中一个考查环节，考查内容仅限于演唱一首甚至几句歌曲。与专业音乐系相比，少了系统全面的音乐基本素质测试。

---

* 徐真，硕士，北京电影学院现代创意媒体学院表演系教师，主要研究方向：声乐教学。

因此，很多学生虽然通过了本专业的入学考试，但存在五音不全、嗓音条件差甚至声带病变等问题，想让他们在声乐学习上有大成就，是难以实现的。

3.加强学科联系的必然要求

作为表演系的专业基础课程，声乐课在表演系中一直显得有些独立，其目的是让学生用唱来塑造角色。声乐中的以情带声和表演体验派的投入感情从根本上是一致的，两门学科有结合点。研究如何在声乐课中让学生做到以情带声、声情并茂、唱中有演、演中歌唱，使人物形象塑造更加丰满立体，对于打破学科之间的壁垒、实现学科之间的有机结合，意义重大。

另外，学院自建校以来一直秉承的办学理念是“厚基础、强综合、重实践”，教师应通过深化教学改革，探索有效途径，为提升学生的综合学习能力和增强学生的综合实践水平而努力，这也是学院教学育人的宗旨所在。

要想综合解决上述问题，需要找到一个新的教学载体，通过它既能训练学生的歌唱技能，又能训练学生的角色表演创造力。于是，演唱影视歌曲便成了最佳的选择和切入点。之所以没有选用音乐剧，原因在于剧场艺术和生活化表演有着不同要求，虽然音乐剧集歌唱、舞蹈、表演于一体，但与目前的表演教学原则有些不同。

二、影视歌曲的特点

选用影视歌曲作为教学改革的突破口，也是由影视歌曲的特点决定的。影视歌曲是构成影片声音的重要组成部分，在推动情节发展、刻画人物形象、突出主题方面起着重要作用，一首好的影视歌曲甚至能以小见大地反映整部影片的艺术构思。

时光流逝，有些影片已经被人们淡忘，但主题曲却成为经典，传唱不衰。声乐课堂上选用影视歌曲作为教学内容本着以下原则：从音乐题材上，选取内容健康、积极向上的；从难易程度上，选取旋律性强、难易适度的；从音乐形象上，选取主题鲜明、形象典型的。作为课堂教学内容的影视歌曲应具有以下几个特质：

1.叙事性见长

在四大片种中，故事片的数量最大、社会影响最广泛。很多故事片中的影视歌曲，在人物形象特征的描写、心理活动的刻画、故事情节的发展等方面也写得相对具体，能体现出故事发展的主线和人物命运的结局，是影视剧情节梗概在歌曲中的映射。音乐创作者善于运用歌词、调式调性、节奏、旋律、配器等手段来服务于情节表述，使歌曲和影视剧作相得益彰，这是实现声乐和表演有机结合的一大基础，便于学生分析作品、展开联想、诠释作品。

2.抒情性突出

影视剧的创作总能或多或少地体现出创作者地立场和思想，这是除了影片本身以外，主创人员想要传递给观众的信息。观众通过观看影片，能够感受到这种思想，从而引起情感上的共鸣。除了台词和画面，影视剧的主创者们还会通过影视歌曲，实现跟观众的隔空交流和情感对话。投入情感，不仅对影视表演创作十分重要，对演唱亦如此，投入情感的歌唱往往能直击人心深处，我们常用"声情并茂"来评判演唱者的表现，而以情带声可以起到事半功倍的效果，也能弥补学生在演唱水平上的不足。

自演唱影视歌曲以来，学生对声乐课表现出极大的热情，这是源于大家对影视作品的热爱。这种热情通过影视歌曲释放到声乐课上，而影视歌曲抒情性突出的特点又给情感释放提供了具体依据。

3.音乐形象具体

影视歌曲是和影视作品中人物形象创造、影片立意相关的一类歌曲，其音乐特征、意境描绘、情感表述、演唱者选择等都受到影片语境的限定和制约。因此，影视歌曲中的音乐形象更加细致具体，音乐主题更加立体鲜活，这为学生更好地把握曲风、捕捉细节、准确塑造角色，提供了实际样本。

4.传播大众化

影视歌曲一般通俗易懂、雅俗共赏，容易被大众接受，作为影视剧的组成部分会随着剧作热播渐渐被广大观众传唱。当熟悉的旋律响起，就能唤起人们对影片乃至一个时代的记忆，这正是影视歌曲的独特魅力所在。传播大众化的影视歌曲，不仅便于非音乐专业的学生学习掌握，也大大激发了学生的学习兴趣。

以上总结的特征适用于作为声乐课教学内容的影视歌曲，并不能涵盖所有的影视歌曲。

三、影视歌曲在教学中的具体应用

声乐教学改革并非全盘否定以前的教学体系，实践证明，原有的声乐教学体系在训练学生的声音、传授科学正确的发声方法等方面有不可替代的作用。课程改革是个系统工程，将影视歌曲纳入声乐课堂，将涉及教材、教学内容、考核标准等多方面的革新。

1.教材方面

经过多位老师的努力，我系已经选编完成内部教材《经典影视教学曲目200首》，并经过两年多的试用，收效良好。当然，影视歌曲的选择不能仅限于教材范围，教学曲库应不断扩充，随着近几年影视市场的繁荣，优秀的影视歌曲不断出现，这也为我们教学曲库更新提供了资源。未来，我系计划出版一本有关影视声乐特点、教学曲日的教材，不仅可以总结自身的教学实践经验，也可为其他影视院校的声乐教学提供参考。

2.教学内容方面

在训练科学发声的基础上，注重音乐形象的塑造，指导学生从音乐本体和影视剧作中挖掘灵感和线索，分析作品；引导学生运用协调统一的动作来塑造具体的音乐形象。

首先要练好气息、发声、语言、共鸣等基本功，这是在演唱中塑造角色的声音基础；同时要掌握动作、肢体、表情等外在表现手法。做到上述两点，都需要心理动作的控制，从开口度的控制、呼吸的调整，到动作的幅度、表情的微调等，都受到内部心理状态的影响，这是声乐演唱中一切动作和情绪所产生的内在逻辑和心理依据。声乐课程改革最核心的部分应该是——在老师的启发和必要的示范下，学生能够运用唱和演塑造出立体化的音乐形象。

3.考核标准

对学生学习情况的考查和考核可从以下两方面进行：

演唱方面仍以声情并茂为目标，需要学生既有规范科学的声音表现，又有饱满的情感表达。学生的演唱不再局限于站在原地，眼神的交流不再只遵从舞台的180度原则，而应从歌曲和影视剧出发有所行动和表现，并能在演唱中体现出强烈的情感和必要的交流。

案头积累方面要求学生每演唱一首作品，都要详细了解与其相关的影视剧信息，并作为学习笔记记录下来，再让学生当老师来讲解这些知识。了解相关的影视剧信息，是唱好影视歌曲必不可少的环节；让学生来讲解，可以将学习方式变被动为主动，使他们在讲解的过程中加深印象、强化记忆。讲解期间，其他同学和老师可以补充和提问，这种反馈又会引发主讲学生的再思考和评价，这一过程对提高学生的鉴赏能力大有裨益。通过此举，声乐课也从声乐技巧的讲授升华为素质能力的培养。

4.硬件设置

基于我院优良的硬件设施，目前每间声乐教室都配有音箱和调音台，学生的声乐考核采用播放伴奏、拿话筒演唱的形式，类似于卡拉OK。在此基础上，我们计划对现有设备进行升级，依靠大数据平台，运用网络爬虫技术和NLPIR语言分词系统，制作一个影视歌曲教学数据库。在该数据库中，每一首歌曲的呈现内容既包括影视作品简介、主创等信息，又包含歌曲演唱提示、影视原声等资料，还可以一键播放该曲目的音乐伴奏，供练习和考试使用。